死に方がわからない

門賀美央子

双葉文庫

目次

死に方がわからない

はじめに

死に方がわからない

ワタクシは、大いに困っていた。

いや、現在進行形で困っている。むちゃくちゃ困っている。

何に困っているのか。

「死に方」がわからなくて困っているのである。

ああ、心配しないでほしい。別に自殺願望があるわけではない。自ら命を絶つなんて真似はまっぴら御免だ。

そうではなく、「大過なく寿命を迎え、きれいサッパリ死んでいく」方法が皆目わからなくて困っているのだ。

は？　なんでそんなことで困るの？　と思ったあなた。

こう言ってはなんだが、あなたは少々呑気過ぎる、かもしれない。

実は、現代日本において「普通にきれいサッパリ死んでいく」のは至難の業なのである。この十年ほどで祖父、祖母、そして父を見送り、私自身も入院手術を経験したことで、それをしみじみと実感した。

百年ほど前までは、奇禍にでもあわない限り、病にしろ老衰にしろ時が来たら自然に死んでいけた。それでもって、地域共同体が慣習に則り野辺送りをしたらすべてが終わり、だっただろう。

ところが、法治かつ自由主義国家で、稀に見る長寿社会となった我が21st century Japanにおいては、そうそう簡単には死ねないシステムが出来上がってしまっているのだ。しかも、これらのシステムは「家族親族」の存在を前提に形作られている。

これが、私を大いに困らせている原因なのである。

なぜなら、私には、死に際の面倒を見てくれるような家族親族がいない。いや、この言い方だと少々不正確だ。「平均寿命程度まで生きると仮定して、その頃には死に際の面倒を見てくれるような家族親族はいなくなっている」が正しい。

私は独身、子なし、兄弟姉妹なし。現在生きている三親等以内は全員年上という境遇だ。逆縁にならない限り、私を中心に数える「親族」は私でラストワンになるのが確定している。

ボッチ不可避の未来。

もう笑うしかない。

だが笑ってばかりもいられない。

現実の死は、ドラマのようにベッドの上で静かに息を引き取るだけでは済まない。前後に必ずすったもんだがある。たぶん、どれだけ周到に準備をしていても避けられない。しかし、それでも準備はしておかなければならない。できるだけ他人様に迷惑をかけずに死んでいくために。

いや、もしかしたら「他人様に迷惑をかけない」はよくない考え方なのかもしれない。誰にも迷惑をかけないなんて、**実質無理**だからだ。よって、**「やるだけのことはやってあるから、まあなんとかなるだろ」と安心しながら死んでいくために**、の方が正しい。

けれども、現時点では何をどう準備したらいいのか、さっぱりである。

そこで、こう決心した。

美しいフィニッシュを迎えるために必要な情報を集め、知識をまとめ、一つ一つ実行していこう。体も頭も、多少鈍いながらも正常に動いている今のうち、可及的速やかに、と。

心が定まった私は、とても清々しく凜々《りり》しい顔をしていた、はずである。

……というようなことを、双葉社の編集者であるHさんにお話ししたところ、「え？なに？　それ私も知りたい」と言ってくれた。Hさんもわりかし私と似たような境遇なのだ。

そこでふと気づいた。

そうだ。昔と違って格段に独身者が増えている今、同じ境遇の人間もまたどんどん増えていくのだ、と。

だったら、私が知ったこと、調べたことを、同病相哀れむ、もとい、互助精神に則って読み物にして公表すれば、何らかの社会的貢献になるのではないか。しかも、仕事にもなる。

一挙両得だ、ハレルヤ。

というわけで、書き始めたのが本書だ。

つまりこれは、「現実の死」を目の当たりにしたアラフィフ独身女が、どうやったらうまく死んでいけるのかがわからないことに焦りと恐れを覚えた結果、「よりよき死」を迎えるために始めた「死に方探し」を、同じ不安を抱える皆様とシェアするために始める旅路の記録、なのである。

家族に頼れるかはわからない

さて、「あら、独り者のおはなし？　家族親族がたくさんいるワタクシには関係ないわね」と思ったあなた。

甘い。甘すぎる。羊羹一棹完食レベルで甘い。

今は家族親族がいたとしても、将来的にはいなくなる、またはいないも同然になる可能性は十分ある。独身女の僻《ひが》みで意地悪を言っているわけではない。あてにしていた家族親族が機能しなかったなんて話は掃いて捨てるほどあるのだ。これについては、おいおい実見談や取材した話、見聞したニュースを交えながらお伝えすることにして、まずは一般論から。いわゆる「平均的な家族」を想定して、ちょっとシミュレーションしていきたい。

想像してみよう。

あなたは現在アラフィフである。健康体であれば、老化は感じながらも死について考えることはほとんどないだろう。

さて、還暦になった。配偶者は健在で、子は複数いる。親もまだ生きている。さらに実／義理の兄弟姉妹が何人もいる。つまり、二親等以内の親族がわんさかいる状態だ。よっぽど関係が悪くない限り、いつ死んでも大丈夫。必ず誰かが後始末をしてくれるはずだ。

その十年後、あなたは古稀を迎える。平均寿命を考えると配偶者は健在と思っていいが、死んでいる可能性も出始める。特に配偶者が十歳以上年上だったりすると確率は格段に上がる。兄弟姉妹にもそろそろ物故者が出ていてもおかしくない。

一方、子供たちは結婚し、孫が生まれているかもしれない。新しい親族の誕生に喜びと安堵を感じるだろうが、子育てに入った子供たちは親のことなど二の次三の次になる。離れて暮らしていればなおさらだ。繋ぎ止めるには物心両面で積極的に援助するしかないだろう。だが、援助するからといって口出しが過ぎれば疎まれること請け合いだ。元気で金回りのいい間は、多少うっとうしくても構ってくれるだろうが、その二つが失われたら、途端にかつて煩わせたしっぺ返しがやってくる。とはいえ、この時期なら看取ってくれる誰かはまだまだいる。

さらに十年が経ち、傘寿の祝いをする頃になると、年上の親族はかなり歯抜けになっているだろう。配偶者と死に別れるケースも珍しくない。そもそも、自身が健康でいられるかもおぼつかない。持病が重なったり、認知症や老人性鬱などを発症したりしていてもおかしくない。

いくら「私は子供には面倒をかけない」と嘯《うそぶ》いていても、最終的には子を頼りにしなければならない場面が多々出てくる。社会のシステムが本人同意だけでは不足、保証人などの他者なしでは何もできない仕組みになっているからだ。入院ひとつとっても、誰かの手を借りる必要がある。

しかし、頼みの子世帯はというと、ちょうど子育ての総仕上げに入っているので何かと物入りだ。社会的にも最も多忙な時期を迎えていることだろう。快くあなたの面倒を見てくれるかどうかは、それまでどんな関係性を築いてきたかにかかってくる。

どれだけ援助をしてやったとしても、それを恩に着せるような言動をしていたら台無しだ。できるだけ関わり合いにはなりたくない、が子らの本音だろう。何事につけ、やってもらった方はとっととと忘れてしまうものだ。着せる恩は重いが、着せられる恩は軽い。とはいえ、それでも葬式ぐらいは出してくれると普通は考える。それが人の情というものだ、と。

ところがどっこい、葬式すら出さない家族は実在するのだ。それも、少なからず。

特に親を施設に入れたまま会いにも来ないような家族は要注意。中には施設にお金だけ送って、葬儀の一切を丸投げした挙げ句、骨上げにすらやって来ず、骨壺を郵送させて終わり、という家族さえいる。まさかと思うかもしれないが、これは現実にあった出来事であり、しかも珍しくもない話なのだ。

もし、今の自分が「会いに行かない家族」側だとしたら、我が子もそれを真似ることになるだろう。子はいくつになっても親の鏡だ。つまり、家族が何人いたところで、機能不全に陥っていたら意味がないのである。

いやいや、そんなのごく一部の特殊例でしょ、と思ったあなた。全然一部ではないことは、国の統計からも窺える。

こんな資料がある（次のページの図表参照）。

単独世帯率の推移と65歳以上の単独世帯数の推移（2020年以降は予測）

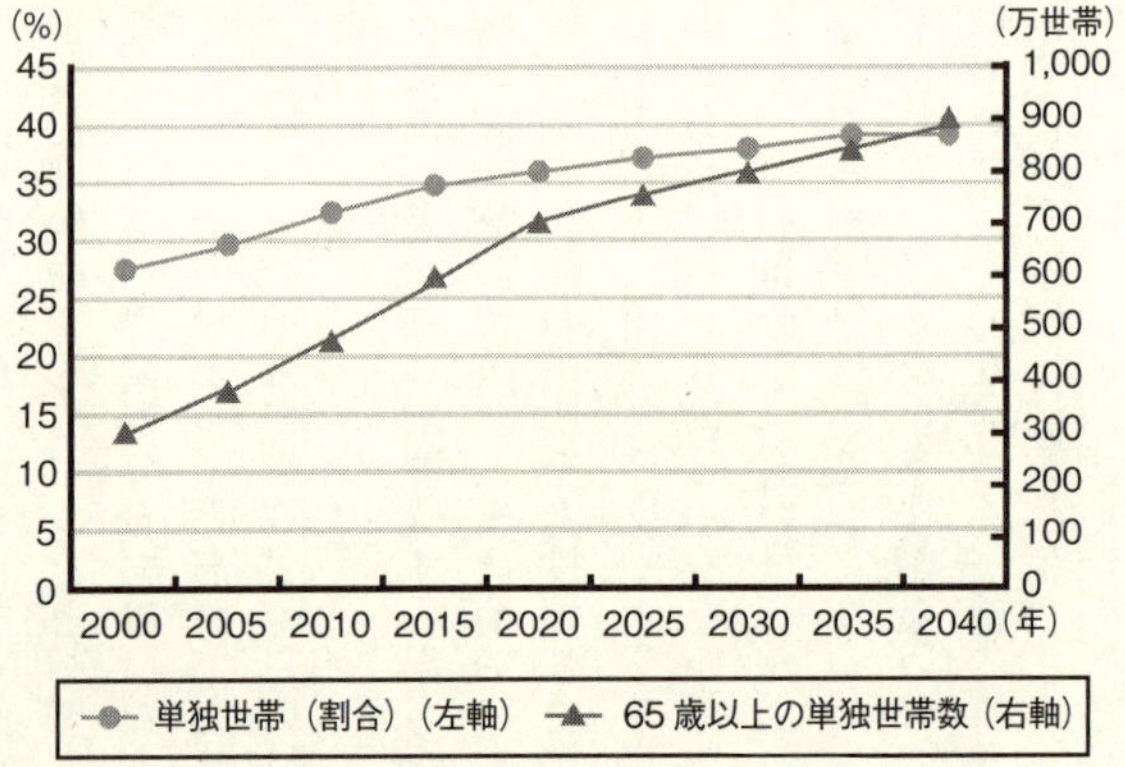

これは総務省が平成三十年に発表した統計調査だ。

現在、全世帯に対する単身世帯の割合は三五パーセントを超えているが、その半数ほどを六五歳以上が占める。この世代の婚姻率は、今と違ってまだまだ高かった。つまり、一度は家族を作りながらも、何らかの事情によって単身で住む結果になった人たちが想像以上に多いことを示唆している。これを見る限り「晩年の独居」に無関係な人間など、どこにもいない。日本はすでに老齢単身者大国なのだ。

もちろん、その多くは一人で住んでいるだけで、親類縁者がまったくいないわけではないだろう。だが、その人たちは何かあった時に頼れるほど親しいだろうか。若い間は家族親族や友人がたくさんいたとしても、八十歳になる頃にまだその状態を保てているかどうかは甚だ心もとない。
同統計では、
高齢者を対象とした内閣府の調査によると、我が国の単独世帯の高齢者のうち、他者との会話が「ほとんどない」と回答した人の割合は七・〇パーセントであり、これは二人以上の世帯の値（二・二パーセント）や諸外国の単独世帯（アメリカ→一・六パーセント、ドイツ→三・七パーセント、スウェーデン→一・七パーセント）と比較すると高い水準である。単独世帯の増加は、頼りにできる存在が身近におらず、社会的に孤立してしまう人の増加にもつながると考えられる。

と、薄ら寒い現実を指摘している。彼らは、完全に孤独死予備軍だ。

【ポイント】

1. 六五歳以上の単身世帯の割合は増えている。つまり「晩年の独居」は誰にも訪れうる。
2. 子や孫がいても面倒を見てもらえるかどうかはわからない。すべては自分次第。

3. よって、たとえ家族がいても孤独死は十分ありうる。

死の定義がわからない

他人との会話がほとんどない高齢者が多い。

それはつまり、日常的に交流する相手が皆無に近いことを意味する。

そんな状態であれば、当然ながら死んでも誰も気づいてくれないだろう。これは相当寂しい。いや、寂しいだけではない。死体の発見が遅れれば遅れるほど、現場は無残なことになる。体は腐乱し、最期を迎えた場所は臭気と虫で満ちていく。こうなると尊厳もクソもあったものではない。

伝統的な仏教画のジャンルに「九相図《くそうず》」というものがあるのをご存じだろうか。

これは、女の死体が、死にたてほやほやの状態から土に還っていくまでの過程を九つの段階に分けて描いたものなのだが、一つ一つの描写がかなりエグい。

連作画の一番目は生前の姿である。たいてい若くて美しい女性だ。モデルは檀林《だんりん》皇后（嵯峨天皇の皇后）とも小野小町ともいわれるが、とにかく我が世の春を思わせる。しかし、そんな彼女も二枚目では儚く世を去り、死相もあらわに横たわっている。

だが、九相図の本番はここからだ。

三枚目で無残にも野原に放置された死体は、ガスの発生によって全体的に膨らんでいる。平安京では貴人や有力者でもない限り墓は築かず、決まったエリアに遺体を打ち捨てたという。野蛮な風習のようだが、大自然の循環に人も加わるのだと思えば、これはこれで理にかなっている気がする。当然、墓の心配もない。本来、人の死とはこうあるべきなのかもしれない。もっとも、一億以上も人口がある現代で風葬なんかしたらとんでもないことになってしまうが。

とにかく、四枚目以降では腐乱が進んで形の崩れた体が虫や鳥獣に喰われ、骨が見え始め、九枚目ではとうとうバラバラの白骨になって転がるばかりになってしまう。

どれほど美しい人でも死ねば醜く崩れるし、詰まるところは骨になるだけだから、世の無常を理解し、煩悩を断つのがベストなんですよ、と教えるための方便として使われた絵画だそうだが、私には「遺体は腐らないうちに焼くのがベストなんですよ」という教訓に見える。

正直、私は「死」そのものはさほど怖くない。だが、死んだ後に長期間発見されず、九相図の道をたどるのだけは本当に嫌だし、絶対避けたい。避けるためには、一人暮らしでも死んだらすぐに見つけてもらえる体制を整えておかなければならない。

ということは、どういう死を迎えたいかよりも、どんな死は嫌か、そこを明確にすることがこの旅の第一歩なのではないか。そう気づいた私は、まず「これだけは絶対嫌な死に方」をリストアップするところから始めることにしたのである。

そして、「どんな死に方が嫌か」を考えるにあたり、思考の混乱を防ぐため、まず方針を決めることにした。

「死に方」とざっくり括っているが、「死因」と「死んだ時の状況」は分けて考えた方がいいだろう。

たとえば、死因が凍死として、死んだ時の状況が自室なのか、自宅近くの道路なのか、冬山なのかでは取るべき対策が大きく異なる。

自室での凍死を想定するとなると、貧困から社会崩壊まで幅広いシナリオを考える必要がある。

だが、死に場所が自宅近くの道路だった場合、ほぼ百パーセント「真冬に泥酔し、うっかり外で寝てしまって凍死」なので、対策は「泥酔するまで飲むな」の一択になる。

冬山に至っては「そもそも行くな」で終わってしまう。

ことほどさように死因と死ぬ時の状況――毎回「死ぬ時の状況」とタイピングするのも面倒なので今後は「死況」という造語を使うことにするが――は峻別されるべきなのだ。

そんなわけで、まずは死因である。

……と、さっさと話を前に進めるのがエッセイの定石だろう。だが、その前にどうしてもチェックしておきたいことがあった。

「死」と「寿命」の今日的定義である。

定義を調べてみた

なんでそんな基本からなの？　今さらそこはどうでもよくない？　と思ったかもしれない。まあ、私も多少はそう思わないでもない。でも、気になるんだもの。しょうがないじゃない。「細かいところまで気になってしまうのが僕の悪い癖でしてね」と心の中の杉下右京に言い訳をしてもらいつつ、とりあえず参考になりそうな本を書棚から探すことにした。

そうして見つかったのが『ゾウの時間　ネズミの時間』の著者として有名な本川達雄氏の著書『人間にとって寿命とはなにか』と雑誌Ｎｅｗｔｏｎ別冊『死とは何か』の二冊だった。

なんというお誂え向き！　特に前者など帯文が「42歳を過ぎたら体は保証期限切れ」である。まさに私が気になっているところではないか！　こいつは春から縁起がいいやとばかりに意気込んで読み始めた、のだが……。

え？　ナマコ？　冒頭いきなりナマコの話なの？

「ナマコは動かない」なる小見出しに大いに戸惑う私。

だが、負けずに読み進めていった。いったのだが、以後ナマコを詠んだ著名俳人たちの句とか、ナマコは神に選ばれた特別な生物であるとか、著者のナマコ愛ほとばしる記述が延々と続く。おかげで、私は予期せぬにわかナマコ博士になってしまった。ナマコについて見識を深めたい方、この本、とってもおすすめです。

もちろん、目的に合致する情報も見つけることができた。

人間、遺伝子がまともに働くのは五十歳あたりまでなのだそう。それ以降になると遺伝子が正常に働かないケースが増え、癌化する細胞が増えていく。また、関節が動かなくなってきたり、各種能力が目に見えて低下したりするのも、自然が想定していた人体の耐用年数上限が約五十年であるためらしい。つまり、生後半世紀を過ぎれば、身体的にはもうスクラップ寸前なのだ。

居酒屋で脂ぎった中年オヤジが「今どき五十六十はひよっこよ！」と噴き上がっていても、女性誌のエイジレス特集で「現代女性は五十歳でもおばさんじゃありません！」と豪語していても、母なる自然は「いや、もう十分年寄りやで～。おじさん／おばさんどころか、おじいさん／おばあさんやで～」と囁いているのである。

本川氏は言う。

現代人の長生きはひとえに医療など技術の賜物《たまもの》であり、その技術を稼働させるためのエネルギーをお金で買うことで寿命という時間を得ている。よって、今の長寿者は技術が作った「人工生命体」なのだ、と。

この指摘、今後縮小していく一方であろう日本社会で老いゆく身には非常に重い。今の日本はまだ個人にも社会にもエネルギーや技術を買う余力がある。だが、今後もそれを保てるかどうかは、かなり怪しい。

現在の高齢者層は、個々では貧富の差があるとはいえ、世代全体で見れば資産をしっかり持っている。それは統計上明らかな事実だ。

一方、団塊ジュニア世代以下は成人後も十分な資産を形成できないでいる。経済が右肩下がりの日本で社会人生活をスタートさせた世代だからだ。初手から財産形成できるチャンスが乏しく、たとえ上世代と同じ成果を出したとしても、生涯で得られる資産は同等にはならない。

要するに社会から受け取れる分け前は、世代が下になればなるほど少なくなるのだ。そして、その分け前には「長寿のためのエネルギーや技術」も含まれる。

現在、男女ともに八十歳を超える平均寿命を誇る我が国も、二十一世紀後半には首位陥落どころか、戦前のレベルまで落ちているかもしれない。もっとも、それが不幸に直結するか否かは別の問題だが、今はそこには触れまい。ひとまず、現代の長寿は人工生命体レベルであり、そんな世の中だから死ぬのが難しくなってしまっている、という事実を確認するに留めよう。

次は、Newton別冊『死とは何か』である。

こちらは老舗科学雑誌の特集だけあって、テーマずばりの記事が並ぶ。そこで得た本書に関係がありそうな知識は下記のとおりだ。

■死に明確な定義はない。

現代日本において、人間の死を社会的に認定するのは医者である。医者の書いた死亡診断書がなければ、生物学的にはどれだけしっかり死んでいても埋葬できない。よって、医学上は超明確な「死の基準」があるのだろうと思っていたが、実際はそうではないらしい。

心臓が止まって、呼吸が止まって、瞳孔反射をしなくなったら、とりあえず死んでるってことでいいんじゃない？　ぐらいのノリで個体の死が決定されているそうなのだ。

確かに、この三拍子が揃っていたら、ほとんど生き返ることはないだろう。だが、稀にはあるので、死の判定は心肺停止から数十分の時間を置いて確定される。

また、火葬は死んだと診断されてから二十四時間経過しないとできないことになっている。時々生きたまま焼かれる系のホラーがあるけれど、ああいうのは現実には起こらないそうだ。安心して死ねますね。

■死因に「老衰」はない。

厚生労働省が発表している死亡統計の項目には「老衰」があるが、医学的な死因に「老衰」はないそうだ。

たとえば、高齢になって嚥下《えんげ》機能が衰え、誤嚥性肺炎を発症して死んだとする。この場合、医学的には肺炎による死だ。たとえ、遠因が明らかに老化であっても「老衰」ではないという、なんだかトンチみたいな話だが、自然に枯れゆく死を望むワタシ的にはどのような死因が老衰に含まれるのか、調べてみる必要がある。

■人の寿命は環境と遺伝が3：1で影響する。

長生きしやすい家系は実際にあるけれど、それが生まれ持った因子によるのか、家族として同じ生活習慣を共有しているせいなのか、明確にはなっていないという。生活習慣、やっぱり大事。

両書とも、ここでの要約よりもっと多くの有益な情報が書かれているので、さらに知りたい方はぜひご購読いただきたい。

私はこれらを読んだことで、自分なりの「死」の定義をまとめることができた。

まず、人間五十歳を過ぎたら、肉体は確実に「死」に向かう方向で準備をし始める、ということ。

生命とは「生まれ、滅ぶ」ものである。誰一人自分で決意して生まれてはこないし、「死にたくない」と思っていても体は滅びへの準備を始める。

老化は早くも二十代から始まるそうだが、二十代から三十代にかけての「老化」は、人生においては「成熟」とも言い換えられるだろう。だが、以降は徐々に、しかしはっきりと「老化」に色を変え始める。そして、五十代以降は生命を維持しつつも、やがて来る滅びに向かって歩みを進める、というわけなのだろう。

滅びは生命の必然なのだ。

だいたい、誰も死ななかったら、後から生まれて来る人たちが不利になるばかりだ。

生命は居場所を次世代に明け渡すことで、地球という限られた資源の上で生きていける。

だからこそ、私たちは上手に死に往かなければならないのだ。

【ポイント】

1. 死の明確な定義はないが、現代日本では医師の診断でのみ死が確定される。
2. 人間の体の、自然状態での使用限度は五十年である。
3. 五十年以上生きるためには、人為的な技術と、技術を支えるエネルギーを必要とする。

何で死ねばいいのかがわからない

死は誰もが必ず到達する着地点だ。だからこそしっかりと見据え、よいゴールにできるよう準備しておいた方が建設的である。また、「長生きは自然にするものではなく、お金で技術とエネルギーを買った成果」という前提に立ち、それでもなお長生きしたいのかどうか、そこをしっかりと考えておくのも重要だろう。

長生きしたいなら早いうちからせっせとお金を貯めなければならない。だが、「長生き貯蓄」のために、日々の生活の質を落とすのはどうにもアホくさい。さらに言うなら、お金で買うことのできる他の体験を放棄してまで長生きを求めたとして、それは幸せな人生といえるのか。太く長く、が可能なごく一部の恵まれた人々を除き、私のような一般大衆は人生のバランスシートをシビアに見極めなければならない。

結局、どんな死に方をしたいかを明確にしなければ、死ぬ準備も計画もできないわけだ。「死の現実」を認識できた今、再度「これだけは絶対嫌な死に方」を考えていこう。

まず思いつくのは「天災や事故犯罪に巻き込まれる不本意な死」である。だが、こればっかりはいくら気をつけたところで、意のままには防げない。天災の恐ろしさは今ここで改めて述べるまでもないだろう。私たち日本に住む者どもは嫌というほど実例を見てきた。

事故や犯罪は、戸締まり用心火の用心を励行、日々注意深く行動し、人間関係に気をつけ、護身術などを身につけておけば、ある程度は防げるかもしれない。

しかし、天災レベルの事件——暴走車が歩道に突っ込んできたり、空から飛行機が落ちてきたりとなると、これはもう何をやっても無駄だ。テロも同様だろう。ランボーレベルの超人でもない限り、巻き込まれたら一巻の終わりである。

よって、奇禍による死は絶対嫌だけど対策なし、と判断してリストから外す。こればっかりは神のみぞ知る、だ。ちなみに私は趣味と実益を兼ねて年間百近い寺社にお参りするので、神頼み方面はバッチリである。

さて、次に嫌な死に方はなんだろう。

仕事部屋でぼんやりと考えていると、ふと片隅に飾ってある故・水木しげる氏のイラストが目に入った。そしてその瞬間、「餓死です、餓死」という氏の声が頭にこだました。そうだ。食を何よりも愛する私としては、餓死だけは絶対に嫌だ。

紙芝居作家を経て貸本マンガ家からキャリアをスタートさせた水木しげる氏は、戦後の貧しい時代、仕事のないマンガ家仲間が餓死するのを目の当たりにした。そんな経験からよく「アンタ、働かなきゃ餓死ですよ!」と言っておられたと聞く。しがないフリーライターの私にとって、この言葉は金言であり至言だ。

餓死したくなければ十分な貯蓄をするか、死ぬまで働き続けるかしかないのだが、宝くじでも当たらない限り、選択肢は後者しかない。今のところ、ライター稼業だけでなんとか糊口《ここう》をしのいではいるが、原稿の注文が来なくなったら即失業である。

もっとも、ライターの口が無くなれば他の仕事をすればいいとは思っている。どれほどどん底の生活になったとしても、とにかく働いていれば餓死だけは免れるだろう。

だが、働けなくなったらどうだろうか。家族親族に頼れる相手がいない上、預貯金もほとんどないときている以上、あとは餓死への道をたどるしかあるまい。

考えてみれば、兄弟姉妹もいない独身子無しの上に仕事は不安定な自由業って、なにそれ。人生常に崖っぷちじゃん。バカじゃないの?

けど、そんな不安定な状態ながらなんとか人並みの生活はしているんだから、けっこうよくやっているのかもしれない。もしかしたら、讃えてもらってもいいレベルかも。と、自己評価が全否定から超肯定に急カーブを描いて上昇したわけだが、どれだけ自己評価が高かろうが「日々黄信号」なのは変わりない。

もちろん、この国にはセーフティネットとしての生活保護制度はある。だが、受給要件は年々厳しくなっていると聞く。高齢化の急速な進行によって受給者が増えているからだ。受給者の中には、予想外の長生きのために蓄えが底をついたケースも少なからずあるという。つまり、よほどの富裕層でもない限り、長生きは幸福どころかリスク要因なのだ。

今後、経済縮小は避けられない日本社会において、貧困老人は益々増えていくだろう。ということは、ものすごく年寄りになってからならともかく、四十代や五十代であれば「働けないから」と申請しても門前払いを食らう可能性がある。

いや、実際に門前払いの末に亡くなった例がある。

二〇一二年一月、札幌市のマンションで四十代の姉妹が遺体となって発見された。姉は四二歳、妹は四十歳。直接的な死因は、姉が脳内血腫による病死、妹は凍死だったが、発見された時点で冷蔵庫の中は空っぽだったという。姉は長らく体調不良に苦しみ、妹には知的障害があった。働くのが困難になり、失業してしまった姉は、役所で三度も生活保護の受給相談をしていたが、結局受給には至らなかったそうだ。

収入が妹の障害年金しかない状況が長らく続き、国民健康保険も保険料を払えないため未加入だった。もし、姉妹が生活保護を受けられていたら、姉は病院に行くことができ、冷蔵庫が空っぽになることもなかったはずだ。そして、姉が生きていれば、妹も死ななかっただろう。彼女たちの無残な死は、まったく他人事ではない。生活の手段がなくなり、社会との関わりも断たれたら、誰でも同じ末路をたどりかねない。

自分は大丈夫。そう思っているあなたも例外ではない。

長寿化は退職金と年金で老後の生活を支える昭和モデルを破壊した。堅実に蓄えをしていたはずが、長期に及ぶ引退生活で使い果たし、だからといって満足な働き口もなく、徐々に貧困化していく老人は確実に増えているそうだ。だが、子や孫も生活に余裕がなく、援助は難しい。だから、生活保護に頼るしかない。どこかの大臣が老後資金に二千万円貯めておけと曰《のたま》って物議を醸したが、根拠のない話ではなさそうだ。

総務省の資料によると、令和元年、六十歳以上の高齢者世帯貯蓄額の中央値は一五〇六万円。厚生年金で月額十五万円程度もらっていたら、一見安心な数字に見える。

だが、人生何があるかわからない。予想外の事態が起こると途端に話は変わってくる。

さらに、最後の人口ボリュームゾーンである私たちの世代、いわゆる団塊ジュニアは、今の老人たちほど年金はもらえないことが確定している。そして先述したように、今の老人たちほど資産を築けないことも。

一生自分の金だけで安心安定の暮らしを維持していこうと思ったら二千万円どころでは足りないのは必至だ。もし、現在の中央値以下の貯蓄しかなければ、誰もが「餓死です、餓死」の道をたどるかもしれないのだ。

ああ、怖い。私なんて読者の皆さんよりはるかに餓死の確率が高いのであるから、嫌な死因の第一に「餓死」をあげ、今後の調査項目の一つに「餓死しないで済む方法」を加えることにしよう。これは主に経済問題および社会との関わりの問題になりそうだ。


次の「嫌な死因」はなんだろう。

考え始めてふと脳裏をよぎったのは、数年前に入院した際、同室で闘病生活を送っていた方々の姿だった。

私が入院したのは、赤ちゃんの頭並みに大きくなった子宮筋腫を子宮ごと全摘する手術を受けるためである。もっとも、開腹なしの腹腔鏡下手術で、入院も経過に問題なければ一週間未満で済むのがわかっていたので、いたって気楽なものだった。仕事しなくていいし、家事しなくていいし、一日中寝ていていいなんてむしろ天国では？　とバカンス気分だった。

事実、私の入院生活は、術後数時間を除けばその通りになったのだが、相部屋の患者さんたちは違った。皆さん、婦人科系の癌を患い、加療している方々だったのだ。私はそこで初めて抗癌剤治療の過酷さを思い知らされることになった。

入院当日は明るく朗らかだった方が、抗癌剤投与を始めた途端に悪心《おしん》に悩まされ、一言も話さなくなった。

また、ある老婦人は一向に治まらない高熱と倦怠感に耐えかねてしばしば感情的になり看護師さんにきつく当たるも、すぐに後悔して謝罪する、を繰り返していた。

食事の時間になると、匂いだけでも無理だといって、どこかに行ってしまう人もいた。

他にも、薄くなった髪を隠すための帽子を一日中編んでいる方、繰り返す入退院で仕事を失ったことを苦笑交じりに語る方など、皆さんそれぞれのステージで懸命に病と闘っておられた。

そんな姿に敬意と同情を覚えつつ、これほど苦しいのであれば、やっぱり癌にだけはなりたくないなあとしみじみ感じたものだった。

昔と違って、癌は死病ではなくなった。しかし、闘病生活の苦しさは相変わらずだ。

子宮頸癌ワクチンを除いて、目覚ましい効果を望める予防法があるわけでもない。

一般的な癌は加齢による遺伝子複製エラーを原因とする老人病だ。老化が加速し始める四十代になれば、誰もが癌になる可能性がある。現在では、日本人の二人に一人が死ぬまでに一度はなにかの癌を発症するといわれている。

私の場合、母方の祖父母と伯父が癌になり、うち祖父と伯父はそれが原因で亡くなった。私が遺伝性腫瘍を発症しやすい体質かどうかはわからないが、可能性は高いと思っている。

パーフェクトな予防はできない。

けれども、苦しい闘病生活はいやだ。

では、どうすればいいのか。

早期発見早期治療を心がけるしかない。

普通はそういう話になるし、ほんのちょっと前まで私もそう思っていた。

ところが、色々と調べていくうちに、最近ちょっと変化があった。

癌で死ぬのも悪くないかもしれない、と思うようになったのである。

というのも、癌はある程度死期が読める病だからだ。

死への不安は、そこに至る苦痛とともに、それがいつ起こるかわからない不可知性ゆえに起こる。

だが、癌の場合、治療をしなかった場合の余命が統計的にある程度わかっている。

ならば、それを利用するのも一手ではないか。

苦しまずに逝けるなら、問題は片付く。

よきかな、よきかな。方針が定まってきた。

他の死因がわからない

　癌といえば日本人の死因ナンバー・ワンだが、二位以下は「心疾患」「老衰」「脳血管疾患」「肺炎」などが続く。おそらく、誰もがこれらの病気で身近な人を亡くす経験をするはずだ。だが、具体的な病状については、同居家族やごく親しい間柄の人が罹患しない限りよくわからないのではなかろうか。そこで、それぞれがどんな病気なのか、軽く確認しておこうと思う。

　まずは「心疾患」だが、これは心臓とその周りにある血管や心膜などに起こる病気の総称であって、病気の種類はさまざまだ。

　よく聞くのが「心筋梗塞」である。

　これは、心筋が長時間にわたって酸素不足の状態になった結果、心筋細胞に不可逆性の変化、つまり心筋壊死が起こって、心臓の収縮機能に障害が出る病態なのだそうだ。要するに心臓を動かす筋肉に十分な血液が供給されなくなった結果、筋肉自体がダメになり、動かなくなってしまうわけである。狭心症もよく聞くが、これは心筋梗塞の前段、いわば前座のような病気らしい。

　こうした症状は、血管硬化や炎症によって血管が狭まった場所で血栓や塞栓が起こり、冠動脈が詰まるのが原因で発症するが、筋肉の壊死が起こる場所は一様ではない。さらに、胸にはかなりの痛みが生じ、同時に強い不安感に襲われるという。

なんだか嫌だ。心筋梗塞にはなりたくない。

次に聞くのが「心室細動」だ。心筋梗塞が中高年以降の病気だとしたら、心室細動は若い人の死因にもなっている。

これは名前の通り、心室で細動が起こる病気である。中学の授業で習ったかと思うが、正常な心臓は左心房、右心房、左心室、右心室の四部屋に分かれている。全身を巡る旅から戻ってきた血液たちは大静脈で運んでこられ、右心房を通って右心室に送られ、肺動脈を経由して肺に到達。そこで二酸化炭素を捨てて、酸素を受け取り、今度は肺静脈経由で左心房から入って左心室に到達し、大動脈に送り込まれて、再び全身に酸素と栄養素を届けるツアーを始めることになる。

そんな重要な仕事をしている心室に異常な脈が生じ、痙攣《けいれん》のような状態になってしまうというのだから、ただですむはずがない。当然ながら心臓はきちんと動かず、心停止とほぼ同じ状態になってしまう。

これはこれで苦しそうと思っていたのだが、意外にも結構楽に死ねそうという情報が入ってきた。ソースは私の従兄伯父、つまり母の従弟である。彼がわりとつい最近、まだ六十にもなっていないのに心室細動で死にかけたのだ。すぐに適切な処置を受けられたおかげで無事生還したのだが、本人曰く「あれで死ねたら楽やで。痛いも痒いもないまま、急にふわっと意識がなくなってそのままやったから」なのだとか。将来死ぬならあれがいいと断言していた。経験者の言葉は強い。

幸いなことに、私には不整脈の気がある。子供の頃から何度か検査で引っかかり、そのたびに「別に気にしないでいいよ。経過観察ぐらい」で片付いているのだが、この不整脈を大事に育てていけば、うまく心室細動死に繋げられるかもしれない。そうすれば、一番楽な死に方ができるじゃないか。

だがその他の心疾患は苦しそうだからいやだ。ということは、動脈硬化や高血圧は絶対に避けなければならない。そして、この二つは、「脳血管疾患」の大敵でもある。

脳血管疾患は、「出血性脳血管疾患」と「虚血性脳血管疾患」に大別できる。出血性の方は脳の血管が破れて脳内に血がドバーッと出るタイプ、虚血性の方は脳の血管が詰まって脳に血がいかなくなるタイプだ。

脳血管疾患の怖さは、命が助かっても重度の後遺症が残る率が高い点にある。

父方の祖母は、自宅で倒れているのが見つかり、意識不明のまま病院に運ばれた。なんとか一命は取り留めたものの、植物状態となって数年をベッドの上で過ごし、一度も意識を取り戻すことなく八二歳で死去した。倒れた原因は「脳梗塞」だった。脳梗塞は虚血性の方の脳血管疾患である。

入院中は実娘である叔母が、他家に嫁いでいるにもかかわらず一切の世話を引き受け、大変な献身ぶりを見せたと聞いている。私はというと、一度も見舞いに行っていない。今思えばひどい話である。一回ぐらい行けよ、と当時の私に説教したくなるが、まだ中学生だったこともあり、遠方に住んでいてさほど行き来があったわけではない祖母の病室は、心に遠いものだった。

葬式で久しぶりに見た祖母の死に顔はとても穏やかだった。だが、動けず話せずの数年間が晩年としてどうなのだろうとは、当時から疑問を抱いていた。人生において「死に際」に思いを巡らせたのは、あれが最初だったと思う。

ちなみに母方の祖母も九十歳を過ぎてすぐに脳梗塞を起こし、寝たきりになった。以来、私の中では「脳梗塞＝寝たきりになる病気」の図式が出来上がり、嫌な死因というより嫌な死況を作る病というイメージが強い。

一方、同じ脳血管疾患でも、出血性の方を起こして突然死した親戚もいる。母方の大叔母だ。

ある日、孫娘を預かって子守りをしていた最中に「くも膜下出血」を発症して死亡。我が子を迎えにきた息子によって発見された。死後、少なくとも一時間以上は経っていたらしい。孫娘はまだまだハイハイがやっとの赤ん坊。見つけた時には、祖母の遺体の横で、顔を涙でグシャグシャにしたまま寝入っていたという。きっと、動かなくなったおばあちゃんを起こそうと必死だったのだろう。思えば哀れだが、事故がなくて不幸中の幸いだった。

私は、この大叔母とはとても親しかった。幼い頃は家が近かったのもありよく遊びに行っていた。本当にかわいがってもらった。だから、死んだ時は、心底悲しかった。あれほど泣いたお葬式は今に至ってもない。

だが、私自身が大人になるにつれ、大叔母の死はあれでよかったのではないか、と思うようになってきた。大叔母の享年は五九。まだ死ぬような年齢ではなかった。だから、その意味ではとても悔しかったし、今でも早すぎる死だったと思う。

だが、もし、大叔母が父方の祖母と同じような経過をたどっていたら、はたして彼女は、祖母と同じような手厚い介護を受けられたかどうか。

大叔母には子供が一人しかいなかった。発見者となった息子である。彼は結婚して独立し、いわゆるスープの冷めない距離に住んでいたが、日中は働きに出ている。息子の妻は当時出産直後で、生まれたばかりの赤ん坊とひと時も目を離せない幼児を抱えていた。とてもではないが、病人の世話をする余裕などなかっただろう。

大叔母には近所に住む姉妹がいた。だから、まるっきり世話をする人がいないわけではないが、それでもいずれ限界がきたはずだ。

あくまでも結果論だが、大叔母の突然死は、周囲だけでなく、自分自身を助けたような気がしてならない。

誤解しないでほしいのだが、私は長患いが周囲にとって負担になるといいたいわけではない。現在、必死になって闘病し、命を繋いでいる人とそのご家族の努力を否定するわけでもない。

だが、祖母らの死と大叔母の死を身寄りの少ない我が身の上に重ねてみると、「そのまま死ねた」大叔母の死に理想を見てしまうのも、正直な心情なのだ。

……心配していた通り、少し話がずれてしまった。これでは死因ではなく死況の比較だ。

死因としての脳梗塞と、くも膜下出血を比べると、くも膜下出血の方が嫌な感じである。

脳梗塞の症状が麻痺や言語障害として出るのに比べ、くも膜下出血は激しい頭痛が起こるからだ。大叔母も、死の数日前から頭痛を訴えていた。私もそれを聞いている。我慢強い人がとてもつらそうにしていたのだから、よほどのことだったのだろうと思う。だが、病院に行かず、売薬を飲んですませていた。なぜあの時、病院に行くよう勧めなかったのか。数十年が経った今でも、大きな後悔として心に残っている。

だからこれを読んでいる皆さんは、明らかな異常を感じたら迷わず医者に診てもらってください。

そういうわけで、私にとって脳血管疾患は発症してそのまま死ねるなら可、そうでなければ絶対不可の死因ということになる。

「肺炎」は、八十代以上から順位が上がってくる。「老衰」は九十代以降になって初めて出てくる死因だ。先述した通り、この二つは老人の死因としてごくごく一般的であり、統計上の老衰の中には誤嚥性肺炎がかなり含まれているらしい。要するに老齢になってからの肺炎は自然死の一形態と考えていいのだろう。

とはいえ、肺炎は結構辛い。一度、風邪をこじらせてプチ肺炎を起こしたことがあったが、相当体に応えたのを覚えている。よって、肺炎死はできれば避けたい。

よし、ようやく整理がついた。

【私が嫌な死に方、死因】※不慮の死は除く
第一位　餓死
第二位　肺炎
第三位　脳血管疾患（ただし突然死は除く）
第四位　心臓疾患（ただし突然死は除く）

第五位　癌（ただし苦痛のコントロールが前提）

【希望する死因】

心室細動で一気死

余命がある程度わかる癌で準備しながら低苦痛死

以上。

ただしこのランキングは私の狭い経験と浅い見識から導きだしたものであり、実態とは大きくかけ離れているかもしれない。こと「死」に関わる事柄は、個人の経験だけで結論を導くのは大変危険だ。そうである以上、一歩一歩「よりよき死」を探していくしかないのである。

理想の死況がわからない

さて、「死因」が一段落ついたので、次は「死況」だ。死況とは、私が勝手にこしらえた造語で、「死ぬ時の状況」を意味する。

「死況を考える」とは、つまりどんな状況下で死ぬのが嫌なのか、もしくは理想的なのかを考えることである。19ページでも書いたが、私は「死後に腐った状態で見つかる」ことを大いに恐れている。

ただし、独り逝く死況＝孤独死を怖がっているわけではない。

むしろ、腐る前に見つけてもらえるのであれば孤独死の方がいいなあと思っている。

そもそも私は若干聴覚過敏気味で、騒がしいのが大の苦手。同業者にはカフェで仕事をしたりする人も少なくないが、私には絶対無理だ。周囲のちょっとした声や雑音が気になって、まったく集中できなくなるからである。家にいたところで日中は工事や車の騒音などで気が散ることもあるが、それでも周りに人がいるよりはマシだ。

そんな私にとって、死の間際に頭の周りでワイワイガヤガヤはおそらくかなりの苦痛になる。

世間的には、身内が死の床にいる私を見守りながら「がんばって！」「みんな見守っているよ！」「誰々さんが来てくれたよ！」と励ますのが「よい往生際」なのだろう。

だが、身も蓋《ふた》もない言い方をすれば、どうせ逝くことが決まっている人間にとっては無駄な励ましをされるより、一人静かに命の灯火を消していく方が心穏やかに人生の扉を閉められる気がする。〝寂しい〟より〝五月蠅《うるさ》い〟方がよほど大きな心理的負担になる性質《たち》なのだ。こんなだから独身独居が最適解なわけである。

だいたい、枕元の声が励ましならまだいい。聞くところによると、臨終寸前の人を前に葬儀の仕方や遺産をめぐって骨肉の争いを繰り広げるなんて光景は珍しくもなんともないらしい。しかも、大金持ちより小金持ち、つまり中産階級の方が揉めやすいという。さもありなん。大金持ちは事前準備がばっちりなんでしょう。犬神家の一族みたいなのはやっぱりフィクションなわけで、小金持ちの小市民ほど準備も覚悟もできないまま死んで、無駄に争いの種を残すわけだ。いずれにせよ、枕頭《ちんとう》延々喧嘩される最期なんて考えたくもない。そんなの、一番の地獄だ。死ぬ前から地獄に行ってどうすんの、って話である。

死に際しての家族の振る舞いは、ある意味人生の集大成だ。人生の通信簿といえるかもしれない。厳粛であるべき死を前に、人目もはばからず争うような連中が自分の家族というのは、人としてのある部分に落第点をつけられるようなものだろう。そんなことになるぐらいなら、一人静かに逝くほうがいい。

あ、そもそも私には家族も財産もないんだった。争いの種なぞ最初からないのだわ。

これぞ持たざる者の安楽！

それっぽい表現をするならば「本来無一物 無一物中無尽蔵」ってやつだ。禅の境地だ。持たざる者、すごい。

ところが、世間一般様はあんまりそう思わないらしい。

特に、私のように規格外の生き方をしていると、それだけで最初から「可哀相」のカテゴリーに押し込められる。

結婚していなくて可哀相。

子供がいなくて可哀相。

会社に所属していなくて可哀相。

エトセトラ、エトセトラ。

でも、当の本人は自分のことをちっとも可哀相と思っていないので、認識にズレが生じる。どうして可哀相と言われるのか、さっぱりわからない。正確を期すなら、わからなかった。

だって、時には配偶者のDVに苦しんだり、中年になっても親から金をせびるような子を持っている人からも「家族がいなくて可哀相ね」と言われるんですよ？　私にしてみれば、「いや、家族のせいで苦しんでいるあなたの方がよっぽど可哀相よ？」と思うわけだが、それを指摘するのも余計なお世話なので、曖昧《あいまい》な表情のまま「はあ」と気の抜けた相槌を打つぐらいしかなかった。

でも、年を取るにつれ、段々わかってきた。一部の人々は「世間並み」から少しでも外れた人間を見ると脊髄反射で「可哀相」と思うのだ、と。

形のいびつな大根は味の良し悪し関係なく売り場から排除されるから可哀相、みたいな感覚なのかもしれない。切れば鬆《す》が入っているような粗悪品でも売り場に並べてもらえさえすれば、ってことなのだろう。

しかし、大根の晴れ舞台はスーパーの売り場ではない。最高のひと皿になることである。いや、大根の立場だと、そもそも引っこ抜かれないのが一番なのかもしれないが。よしんば、買い手がつかなくて野にうっちゃられたとしても、土に還っていけるなら見切り品として処分されるよりも幸せだろう。規格でしか人の幸せを測れない人間には見えない幸せが、この世には数多《あまた》あるのだ。

なんか大きく話がズレたようだが、そうでもない。

なぜなら、孤独死なんてまさにその典型例だと思うからだ。

孤独死の辞書的定義は次の通りである。


だれにも気づかれずに一人きりで死ぬこと。独居者が疾病などで助けを求めることなく急死し、しばらくしてから見つかる場合などを指す。


だが、明確な法的定義はない。また「しばらくして」がどれぐらいの期間を指すのかについても基準はない。

研究者の調査によると、言葉自体は一九七〇年代から使われ始めているが、社会問題としてクローズアップされたのは一九九五年の阪神・淡路大震災以後だという。被災者が移り住んだ仮設住宅において一人で死に、その後何日も見つからなかったケースが後を絶たなかったため、広く社会の関心を集めるようになったのだ。

震災さえなければ、世間並みの死を迎えることができただろうに、一人寂しく死んでいったなんて可哀相。

多くの論調がそうであったため、孤独死には「社会から孤立した挙げ句の寂しい死」というイメージがべったりくっついてしまった。

だが、このイメージが曲者《くせもの》だと私は思う。

「誰にも看取られず一人で死んでいく」部分だけを孤独死と定義するとして、それは必ずしも寂しい死に直結するわけではない。

たとえば、二〇二〇年二月、元野球監督の野村克也氏が入浴中に虚血性心不全を起こして亡くなられた。一人住まいの風呂場での急死だったことで、一部のマスコミは「孤独死」と報じた。

しかし、野村氏の場合、夜中に亡くなって、未明には通いの家政婦によって発見されている。たまたま発見が遅くなっただけで、同じような死況を迎える人は少なくないだろう。

最愛の妻である野村沙知代さんに先立たれてから、氏は始終寂しさを訴えていたという。そこには、私などには到底わからない夫婦愛があったのだろう。氏の晩年は「生」

が即ち孤独の源だった。そんな人にとって、あっさりと岸を渡ることに成功した「死」は、孤独からの救済だったようにも思える。

また、満足して孤独死を迎えたと思しき人もいる。

文豪・永井荷風だ。

明治十二年（一八七九）生まれの荷風は、後半生のほとんどの期間、一人で暮らしていた。彼もまた、群居の賑やかさより独居の気楽さを選ぶ人間だった。

もっとも、決して人間嫌いだったわけではない。むしろ、他人との交流は好きだった。ただし、一人の人間と永続的な濃い関係を結ぶのは苦手だった。頑固で偏屈、しかも自分のルールを絶対に曲げないと来ているので、他人と一緒に住めるはずもない。要するに、一人の方がストレスは少なくて済むのである。

人嫌いではないから、許容できる相手とは付き合う。ただし、必要以上には立ち入らせない。

こうした晩年を送った人の結末もまた、あっさりしていた。前日まで散歩できる程度の健康を保ちながら、夜中に突然吐血し、出血性ショックで逝ったのだ。発見者はやはり通いの家政婦だった。

荷風は大変なお金持ちだったので、当時養老院と呼ばれた介護施設に入ることもできたはずである。だが、自分はそんなところで暮らせる人間ではないと重々承知していただろう。その面倒くさい性格ゆえに、本人も介護者も悲惨なことになったはずだ。彼にとっては、自宅でバタンと倒れてそのまま逝ってしまうのが正解だったのだ。

さて、この二人に共通するのは、死のその瞬間は一人であっても、一日以内に発見され、多くの人々に死を悼まれたという点だ。

結局のところ、彼らの死は孤独死ではあるが、孤立死ではなかった。

先述した仮設住宅での死は、孤独死であると同時に孤立死だった。

この差はとても大きい。

死後何日も気づいてもらえない事態は、孤独だから発生したのではない。社会的に孤立した無縁状態だったから発生したのだ。

人は孤独＝無縁と考えがちだ。だが、孤独は必ずしも社会からの孤立を意味するわけではない。孤独を楽しむという言葉があるが、その通りあくまで境遇の選択肢の一つであり、それは時として人生に大きな安らぎと楽しみをもたらす。

一方、誰とも適切な縁を結べない「孤立」は、おそらく誰にとってもつらい。そして、同居する家族がいようとも、会社や組織に所属していようとも、孤立することはある。

死を目前に枕頭で家族が争う様を見なければならなかった人。その人は、孤独死ではないが、孤立死に近い。家族に囲まれながら、無縁社会を生きていたようなものだ。葬儀に何百人と集まろうと、誰一人心からの涙を流してくれなければ、それもまた無縁である。

別に観念的な話をしているつもりはない。現実として、そうなのだ。

ゆえに、孤独死と孤立死を混同しないようにしたい。混同すると、孤独死は「世間並みの死を迎えられなかった可哀相な死」になってしまう。しかし、諸々の事例を考えると、看取られない死である「孤独死」は、上手に逝くための一つの方法であるようにも思われるのだ。

この問題は、死に方を考える上ではとても重要な部分になってくるのだが、今のところちょっと保留にしておきたい。ひとまず、死況については「孤独死はウェルカムだが、孤立死は嫌」という結論で着地しようと思う。


【ポイント】

1. 孤独死と孤立死は別もの。
2. 孤独に死んでも、社会的に孤立していなければ腐らずに済む。

孤立死の避け方がわからない

前節での結論を受け、ここからはどうやれば孤立死を避けていけるのかを考えていきたい。

まず、大きな前提を確認しておこう。

孤立死の危険にさらされているのは、年寄りばかりではない。

実は、私のように健康で自立している独身独居フリーランス人間が結構危ない。特に五十代から六十代あたりは一番の「孤立死」危険地帯なのだ！（この部分は川口浩探検隊が人類未踏の洞窟に入る寸前ぐらいの緊張感で読んでください。川口浩が誰かわからない世代の方はあと十年か十五年後に読んだ方が、本書を楽しめるかと思います）

さて、前節ではなんの前触れもなく「孤立死」なる言葉を登場させたが、これは「死況」と違って私の造語ではない。行政が使っている立派な公的概念である。

内閣府が出した平成二十二年版の高齢社会白書では、孤立死を「誰にも看取られることなく息を引き取り、その後、相当期間放置されるような悲惨な」死と表現している。

そして、孤立死の明確な定義や統計はないとした上で、東京都監察医務院が公表しているデータなどを基に、六五歳以上の高齢者に孤立死が増えていると指摘している。

六五歳以下の統計がないのは、その年齢層には孤立死はほとんど起きないという前提に立っているからだろう。必要のない統計を取るほどお国も暇ではあるまい。

これから先も必要ないのかどうかについては疑問だけれど。

フリーランスとして働く人間は、コロナ禍によって増加したとみられている。背景には企業の業績悪化による人員削減があり、その中の一部が再就職ではなく、独立を選んだということらしい。

独身者／独居者の増加、およびフリーランスの増加は数値上でも明らかなのに、現代社会における平均的市民モデルは依然として「既婚、子あり、被雇用者」である。つまり、誰か同居している人間がいて、会社に通うことで社会的繋がりを常に保っている人が大半と判断されているわけだ。

同居している家族がいる。

勤めに出ている。

このどちらかでもクリアしていたら、孤独死をしたところで長期間発見されない事態は避けられる。

みんなそう考えている。

でも、本当にそうだろうか。

気になったので「孤立死」「家族」「同居」をキーワードにググってみた。

そうしたら、案の定出てきた。家族と同居しているのに、孤立死した人の例が。そんな馬鹿なと思うかもしれないが、近年はしばしば起こっているのだ。そして、この現象の最前線は老老介護の家庭である。

二〇一八年、神戸市にある集合住宅で、一人の男性が死後一週間を過ぎた状態で見つかった。彼には同居する妻がいた。だが、妻は通報できなかった。重度の認知症だったからだ。異変に気づいたのは近所の住人だった。ベランダに洗濯物が干しっぱなしになっているので、おかしいと思い通報したのだという。

妻は、何もわからないまま、一週間遺体とともに暮らしていた。季節は夏。部屋には相当な異臭が立ち込めていたはずだ。虫も湧いていただろう。想像するだに悲惨である。逝った方も、遺された方も、気の毒でならない。

だが、この末路は決して避けられなかったわけではない。

もし、夫婦が公的介護サービスを適切に受けていたら、発見はもっと早かったはずである。この世代特有の「他人様に迷惑をかけない」精神が悲劇を生んだ可能性は大きい。

世の中には福祉サービスを受けることを極端に嫌う人がいる。だが、これはきっぱり昭和の悪しき遺風と断じてよいし、意識を変えていかなくてはならない。公共が提供するサービスは、生活保護であれ、老人福祉であれ、どんどん使えばいいのだ。そのために私たちは税金や保険料を払っている。そもそも公共福祉サービスとは「社会全体が受けることができる、幸福になるための配慮やサービス」なのであるから、それを利用するのに後ろめたさを感じる必要はない。

「おいらぁ他人様の世話にはなんねえ！　ほっといてくんな！」とタンカを切る江戸っ子風のおじいちゃんが周囲にいれば、こう問いかけてみてほしい。サービスを利用しなかったせいでこんな最期を迎えたら、かえって他人様に手間をとらせる結果になりませんか、と。

人間、百パーセント他人の世話にならずに生きるのは絶対不可能だ。

そもそも、人類なる賢い猿は「種族間の共助」を生きる術《すべ》として選んだ動物である。遺伝子レベルの生存戦略からして、「他人に迷惑をかける」のが前提なのだ。叶恭子お姉さまならきっと「あら、美香さん。共助こそ人としてのネイチャーなのですよ？」とおっしゃるに違いない。

それなのに、ネイチャーに逆らって生きようとするとどうなるか。

絶対、どこかで自滅する。

世間には一定数、我慢するだけした末に、突然爆発してかえって周りに嫌な思いをさせてしまう人がいる。

心当たりありませんか？　問題が小さいうちに共有しておけば、自分も周りも被害が少なくてすんだのに、ってやつ。

おそらく、死に際も同じだ。

早いうちから周囲と持ちつ持たれつの適正な関係を築きながら準備しておけば、存外きれいにフィニッシュできる。

逆だと、最後にとてつもない爆弾を仕掛けて終わることになる。

そして、助けとしてより頼りになるのは、家族よりも社会制度だ。

検索で出てきた記事の中には、こんな例もあった。

二〇一七年のこと。子や孫と同居していた七五歳の女性が自室で死んでいるのが見つかったのだが、発見時すでに死んで二日が経っていた。

そんなのありえる？　という話だが、実際に起こったのだから仕方ない。普通なら同居家族の姿を朝から一度も見なかったら、不審に思って部屋を覗くぐらいはするだろう。だが、この家族においては、死亡女性の姿を一日中見かけないのは珍しいことではなかったそうだ。

女性は足が悪かったため部屋に引きこもりがちで、食事さえ共にすることは少なかったという。女性の息子は単身赴任で他所に住んでいて、同居する嫁は家事、子育て、パートにてんてこ舞い。孫は祖母に関心を持たず、結果として家族一同、祖母の姿が見えないなら見えないで気にもしなかったのだそうだ。

この家族が特別薄情だったのかどうか、私には判断がつかない。記事には、死亡女性が家族とどのような関係を築いてきたかまでは書かれていなかったからだ。

もし、七五歳の女性が過度の「家族に迷惑をかけたくない」シンドロームに陥っていたとしたら、自分の方から家族を避けていた可能性がある。長年一緒に暮らしているうちに埋めようのない溝が双方に出来ていたかもしれない。もちろん、ネグレクトの被害者だった可能性もある。

しかし、もしこの女性がデイサービスや訪問介護を利用していたら、少なくとも死後二日も発見されない事態には至らなかったのではないか。人の出入りがなくても確認されないほど引きこもる事態にはならなかったろうと思うのだ。

家庭は時として機能不全に陥る。一方、社会制度はオートマティカルであるがゆえに、一度流れに乗ってしまえば滞りなくことが運ぶ場合が多い。したがって、制度に則った福祉サービスは、社会との繋がりを保つ術としてはとても有効だ。

介護保険のサービスを受けられるようになるのは、一部例外を除けば、基本六五歳になってから。しかも要支援・要介護認定を受けて必要と認められなければならないが、もしその年齢になったらまずはものの試しで地域包括支援センターに連絡を入れ、認定を頼んでみるのもいいかもしれない。

たとえ「自立」と判断され、なんの支援も受けられなかったとしても、元気なうちに支援センターの雰囲気や使い方を把握しておけば、本当に必要になった時の手続きがスムーズだろう。なんでも予行演習が大事なのだ。私の場合、父の認定を経験しているので、自分の時にはちょっとしたアドバンテージになるかもしれない。まあ、制度がガラッと変わってしまっている可能性も大いにあるが。

老年前の孤独死対策

さて、ここまでは老人になってからの孤立死について考えてみた。

だが、前述の通り、本当に孤立死の危険が高いのは、私のような中年独居在宅仕事フリーランサーだと思っている。

理由は言うまでもない。一日中人と会わないなんてことがざらにあるし、定期的に安否確認してくれる人もいないからだ。

二十年ほど前、こんなことがあった。

当時、私はまだ会社勤めをしていた。そんなある日、終業時間直前になって他部署の五十代男性が突然死したとの情報が社内を駆け巡った。自宅で一人、事切れていたという。単身赴任だったために、突然の発病に為す術もなくそのまま死亡したらしい。他部署の人とはいえ面識はあり、また死の一週間ほど前にたまたま姿をお見かけした時はまったく元気そうだったので、訃報に驚くとともに、命の儚《はかな》さを感じたものだった。

望まぬ孤独死を遂げてしまった彼だったが、すぐに発見されたのは、連絡なしの欠勤に胸騒ぎを覚えた上司がすぐに様子を見に駆けつけたからだった。普段の実直かつ遺漏ない仕事ぶりが早期発見に繋がったのだ。もし、彼が無断欠勤の常習犯であれば、上司が迅速に行動を起こすことはなかっただろう。〝会社〟という社会との健全な関係性が、孤独死を孤立死にはしなかったわけである。

やはり、社会との繋がりは大事だ。

しかし、これは会社に所属していたからこそ発動したセーフティネットといえる。私のように在宅で仕事をしている人間はそもそも出勤しないので、誰かに気づいてもらえる機会はおそろしく少ない。たぶん、ほぼゼロだ。

よしんば、死んだ日が原稿の締切日だったとしても、よっぽど切羽詰まった進行でもない限り、締切日当日にわざわざ連絡してくる編集者はほとんどいない。

「ほんともう、しょうがないなあ。明日にでもメールするか」程度である。しかし、当の私はというと、床だか風呂場だかで倒れ刻一刻と死後硬直していっている。カチンコチン体操である。

翌日、催促のメールがパソコンに届く。それは未開封のまま、虚しくサーバーに残り続けるわけだが、発信者はそれに気づかない。

「なに？　無視？　感じわる〜い」と思うだけだろう。

その頃の私は死後硬直が解けてちょっとソフトになりつつ、そろそろ腐敗モードに入り始める。

翌々日はさすがに電話してくるかもしれない。これ以上遅れるとヤバいとなると、絶対してくるはずだ。取材の待ち合わせなんかがあると、編集者はパニック状態で電話してくることだろう。でも、私は死んでいるんだから、出ることはできない。主を失ったスマホは、ただただ空しく着信音を発するだけだ。

このぐらいになると、さすがに「なんかおかしいな」と思ってくれるかもしれない。だが、家にまで様子を見に来ようとする編集者はまずいないと思う。親しい人に連絡しようとしても、編集者がライターの個人的付き合いなんて知るはずもない。

結局、五日か六日ほど経ってから、よほど面倒見のよい編集者であれば警察に「門賀さん家《ち》、見に行ってもらえません?」と電話してくれて、見事ぷすぷすに腐っている私をおまわりさんが見つける、ってな寸法が関の山。それさえなければ、私はさらに腐り続ける。

ああ、やだやだ。

どうすれば介護サービスを受ける老人なみに継続的な安否確認をしてもらうことが可能なのだろう。その方法を探るのが、今の不安を消すための近道なのかもしれない。

【ポイント】

1. 孤立死の危険性に年齢は関係なく、社会との関係性こそが重要である。
2. 家族がいても孤立死することはある。
3. フリーランスは特に危ない。

いつ死ぬのかわからない

結局のところ、死に方を考える上でもっとも厄介なのが「人間、いつ死ぬかさっぱりわからない」という事実だ。私だって、今これを書いている最中にいきなり心臓が止まるかもしれない。一方、一三〇歳代という前人未到の境地に達し、ギネスブックに載ってしまうかもしれない。いや、そこまでいったらギネスブックなんて目じゃない。医学的な研究対象になって遺伝子を採取され、超長生きDNAの提供者として歴史に名前を残す可能性だってある。それが嬉しいかどうかは別として。

とにかく、先が見えないから不安も起きるし、備えようにもどこから手を付けていいのかわからない。

いっそ、寿命がわかる機械が発明されたら……なんてSF的なことを思ったりもしないではないが、「寿命のわかる社会」がディストピアでしかないのは、それこそSFの諸作品で語られ尽くしていることだし、やはり未来は不確定でないといけないのだろう。きっと、そうじゃないと世界は上手く回らないのだ。

いつまでも空想科学の世界に遊んでいても話は進まないので、現実を確認していくことにする。

まずは、私が死ぬ確率を、年齢ごとに見ていくことにしよう。

頼りになるのは統計資料だ。

生命表、という言葉をご存じだろうか。

保健福祉関係や保険関係の仕事にでも就《つ》いていない限り、あんまり耳馴染みがないことと思う。

デジタル大辞泉によると、「年齢別、男女別などに類別し、生存数・死亡数および生存率・死亡率、平均余命（寿命）などを一括して示した表」だそうだ。要するに、この表を見れば、各年齢で死んでしまう確率がどれほどかとか、平均してあと何年生きるのかなどの値をチェックできるのだ。

作成者は厚生労働省で、国勢調査のデータが基になっている。よって、信頼できる資料と考えてよい。こんな表、さすがに改竄《かいざん》するメリットもないだろうし。

また、試算は「一定期間、国内の死亡状況が変化しない」と仮定した上で行われている。よって、今後戦争が勃発《ぼっぱつ》するとか、新型コロナウイルスなんて目じゃない高致死率の伝染病によるアウトブレイクが発生するとか、国民皆保険制度が崩れて医療格差が広がるなんてことが起こると、まったく違う数字に書き換えられる可能性はある。念のため、注記しておく。

数式の記号を見る限り、たぶん微分とか積分とかを使って求められた解だと思うのだが、中学時代に数学のテストで三点を取った私にはそれ以上のことはわからない。興味があれば、ご自分でサイトにアクセスしてほしい。間違っていたらそっと耳打ちしてください。

厚生労働省　第23回生命表（完全生命表）の概況（64～67ページ）

URL：https://www.mhlw.go.jp/toukei/saikin/hw/life/23th/index.html

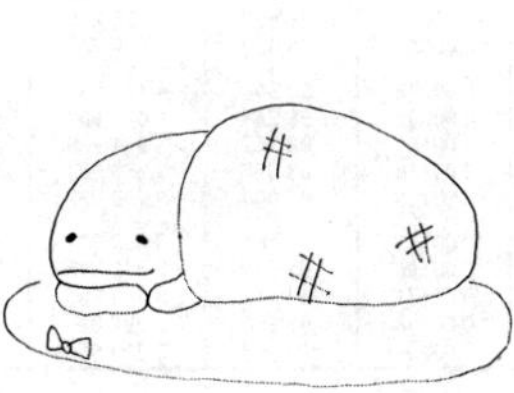

年齢	生存数	死亡数	生存率	死亡率	死　力	定常人口		平均余命
x	l_x	$_nd_x$	$_np_x$	$_nq_x$	μ_x	$_nL_x$	T_x	$\mathring{e}_x$
0 週	100 000	67	0.99933	0.00067	0.07181	1 917	8 156 116	81.56
1	99 933	5	0.99995	0.00005	0.00991	1 916	8 154 199	81.60
2	99 928	8	0.99992	0.00008	0.00085	1 916	8 152 283	81.58
3	99 920	4	0.99996	0.00004	0.00367	1 916	8 150 367	81.57
4	99 916	20	0.99980	0.00020	0.00174	8 987	8 148 450	81.55
2 月	99 896	13	0.99987	0.00013	0.00197	8 324	8 139 463	81.48
3	99 883	30	0.99970	0.00030	0.00137	24 967	8 131 139	81.41
6	99 852	36	0.99964	0.00036	0.00100	49 916	8 106 172	81.18
0 年	100 000	184	0.99816	0.00184	0.07181	99 860	8 156 116	81.56
1	99 816	24	0.99976	0.00024	0.00048	99 801	8 056 256	80.71
2	99 792	17	0.99983	0.00017	0.00014	99 784	7 956 455	79.73
3	99 775	11	0.99989	0.00011	0.00014	99 769	7 856 671	78.74
4	99 764	8	0.99992	0.00008	0.00009	99 760	7 756 902	77.75
5	99 756	6	0.99994	0.00006	0.00007	99 753	7 657 142	76.76
6	99 750	6	0.99994	0.00006	0.00006	99 747	7 557 389	75.76
7	99 744	5	0.99995	0.00005	0.00006	99 741	7 457 642	74.77
8	99 739	5	0.99995	0.00005	0.00005	99 736	7 357 901	73.77
9	99 733	5	0.99995	0.00005	0.00005	99 731	7 258 165	72.78
10	99 728	6	0.99994	0.00006	0.00006	99 725	7 158 434	71.78
11	99 722	7	0.99993	0.00007	0.00007	99 719	7 058 709	70.78
12	99 715	9	0.99991	0.00009	0.00008	99 711	6 958 990	69.79
13	99 706	11	0.99989	0.00011	0.00009	99 701	6 859 280	68.79
14	99 696	14	0.99986	0.00014	0.00012	99 689	6 759 579	67.80
15	99 682	17	0.99982	0.00018	0.00015	99 674	6 659 889	66.81
16	99 664	22	0.99978	0.00022	0.00020	99 654	6 560 216	65.82
17	99 642	28	0.99972	0.00028	0.00025	99 629	6 460 562	64.84
18	99 615	32	0.99967	0.00033	0.00030	99 599	6 360 933	63.86
19	99 582	38	0.99962	0.00038	0.00035	99 564	6 261 335	62.88
20	99 544	44	0.99956	0.00044	0.00041	99 523	6 161 771	61.90
21	99 501	49	0.99951	0.00049	0.00047	99 477	6 062 248	60.93
22	99 452	52	0.99948	0.00052	0.00051	99 426	5 962 771	59.96
23	99 400	52	0.99948	0.00052	0.00053	99 374	5 863 346	58.99
24	99 348	50	0.99949	0.00051	0.00052	99 322	5 763 972	58.02
25	99 297	49	0.99951	0.00049	0.00050	99 273	5 664 649	57.05
26	99 248	48	0.99951	0.00049	0.00049	99 224	5 565 377	56.08
27	99 200	48	0.99951	0.00049	0.00049	99 176	5 466 152	55.10
28	99 152	49	0.99951	0.00049	0.00049	99 128	5 366 976	54.13
29	99 103	49	0.99950	0.00050	0.00049	99 079	5 267 849	53.16
30	99 054	51	0.99948	0.00052	0.00050	99 028	5 168 770	52.18
31	99 003	55	0.99945	0.00055	0.00053	98 976	5 069 742	51.21
32	98 948	59	0.99940	0.00060	0.00057	98 919	4 970 766	50.24
33	98 889	63	0.99936	0.00064	0.00062	98 857	4 871 847	49.27
34	98 825	67	0.99932	0.00068	0.00066	98 792	4 772 990	48.30
35	98 759	69	0.99930	0.00070	0.00069	98 724	4 674 198	47.33
36	98 690	70	0.99929	0.00071	0.00071	98 654	4 575 473	46.36
37	98 619	72	0.99927	0.00073	0.00072	98 583	4 476 819	45.40
38	98 547	76	0.99923	0.00077	0.00075	98 509	4 378 236	44.43
39	98 471	83	0.99916	0.00084	0.00080	98 430	4 279 727	43.46
40	98 388	91	0.99907	0.00093	0.00088	98 343	4 181 297	42.50
41	98 297	100	0.99898	0.00102	0.00097	98 248	4 082 953	41.54
42	98 196	110	0.99888	0.00112	0.00107	98 142	3 984 706	40.58
43	98 086	121	0.99877	0.00123	0.00118	98 027	3 886 564	39.62
44	97 965	132	0.99865	0.00135	0.00129	97 900	3 788 537	38.67
45	97 833	146	0.99851	0.00149	0.00142	97 761	3 690 637	37.72
46	97 687	160	0.99836	0.00164	0.00156	97 609	3 592 875	36.78
47	97 528	175	0.99821	0.00179	0.00171	97 442	3 495 267	35.84
48	97 353	192	0.99802	0.00198	0.00188	97 258	3 397 825	34.90
49	97 161	213	0.99781	0.00219	0.00208	97 056	3 300 566	33.97

第23回 生命表（男）

年齢	生存数	死亡数	生存率	死亡率	死 力	定常人口		平均余命
x	l_x	${}_nd_x$	${}_np_x$	${}_nq_x$	μ_x	${}_nL_x$	T_x	$\mathring{e}_x$
50	96 948	236	0.99757	0.00243	0.00231	96 832	3 203 510	33.04
51	96 712	260	0.99731	0.00269	0.00256	96 584	3 106 679	32.12
52	96 452	285	0.99705	0.00295	0.00282	96 311	3 010 095	31.21
53	96 167	311	0.99676	0.00324	0.00309	96 014	2 913 784	30.30
54	95 856	341	0.99644	0.00356	0.00340	95 688	2 817 770	29.40
55	95 515	375	0.99608	0.00392	0.00374	95 330	2 722 082	28.50
56	95 140	411	0.99568	0.00432	0.00413	94 937	2 626 752	27.61
57	94 729	448	0.99527	0.00473	0.00453	94 508	2 531 814	26.73
58	94 280	487	0.99483	0.00517	0.00495	94 040	2 437 307	25.85
59	93 793	530	0.99434	0.00566	0.00541	93 532	2 343 266	24.98
60	93 263	582	0.99376	0.00624	0.00595	92 977	2 249 734	24.12
61	92 681	640	0.99309	0.00691	0.00658	92 366	2 156 758	23.27
62	92 041	704	0.99235	0.00765	0.00730	91 694	2 064 391	22.43
63	91 337	768	0.99159	0.00841	0.00805	90 959	1 972 697	21.60
64	90 569	835	0.99078	0.00922	0.00884	90 157	1 881 738	20.78
65	89 734	906	0.98990	0.01010	0.00968	89 288	1 791 581	19.97
66	88 829	991	0.98885	0.01115	0.01065	88 341	1 702 293	19.16
67	87 838	1 090	0.98759	0.01241	0.01182	87 302	1 613 952	18.37
68	86 748	1 195	0.98622	0.01378	0.01317	86 159	1 526 650	17.60
69	85 553	1 299	0.98482	0.01518	0.01457	84 912	1 440 491	16.84
70	84 254	1 414	0.98322	0.01678	0.01609	83 557	1 355 579	16.09
71	82 840	1 526	0.98157	0.01843	0.01775	82 086	1 272 023	15.36
72	81 314	1 636	0.97988	0.02012	0.01944	80 505	1 189 936	14.63
73	79 678	1 757	0.97795	0.02205	0.02126	78 810	1 109 431	13.92
74	77 921	1 888	0.97577	0.02423	0.02337	76 989	1 030 621	13.23
75	76 033	2 031	0.97328	0.02672	0.02576	75 030	953 632	12.54
76	74 002	2 180	0.97054	0.02946	0.02844	72 924	878 603	11.87
77	71 822	2 335	0.96749	0.03251	0.03143	70 667	805 678	11.22
78	69 487	2 482	0.96428	0.03572	0.03466	68 258	735 011	10.58
79	67 005	2 639	0.96061	0.03939	0.03818	65 699	666 753	9.95
80	64 365	2 822	0.95616	0.04384	0.04237	62 970	601 054	9.34
81	61 544	3 021	0.95092	0.04908	0.04743	60 050	538 084	8.74
82	58 523	3 230	0.94480	0.05520	0.05339	56 925	478 033	8.17
83	55 293	3 442	0.93774	0.06226	0.06035	53 589	421 108	7.62
84	51 850	3 646	0.92968	0.07032	0.06841	50 043	367 519	7.09
85	48 204	3 826	0.92063	0.07937	0.07760	46 305	317 476	6.59
86	44 378	3 979	0.91035	0.08965	0.08807	42 400	271 171	6.11
87	40 399	4 087	0.89882	0.10118	0.10005	38 362	228 771	5.66
88	36 312	4 133	0.88619	0.11381	0.11352	34 246	190 409	5.24
89	32 179	4 098	0.87266	0.12734	0.12829	30 124	156 162	4.85
90	28 082	3 985	0.85808	0.14192	0.14434	26 077	126 038	4.49
91	24 096	3 807	0.84201	0.15799	0.16213	22 175	99 961	4.15
92	20 289	3 568	0.82414	0.17586	0.18223	18 483	77 786	3.83
93	16 721	3 272	0.80434	0.19566	0.20514	15 058	59 303	3.55
94	13 450	2 909	0.78374	0.21626	0.23049	11 963	44 245	3.29
95	10 541	2 494	0.76339	0.23661	0.25797	9 258	32 283	3.06
96	8 047	2 054	0.74472	0.25528	0.28219	6 983	23 025	2.86
97	5 993	1 644	0.72571	0.27429	0.30749	5 138	16 041	2.68
98	4 349	1 277	0.70637	0.29363	0.33391	3 682	10 903	2.51
99	3 072	962	0.68671	0.31329	0.36152	2 567	7 221	2.35
100	2 110	703	0.66676	0.33324	0.39037	1 739	4 654	2.21
101	1 407	497	0.64654	0.35346	0.42050	1 143	2 916	2.07
102	909	340	0.62606	0.37394	0.45198	728	1 773	1.95
103	569	225	0.60537	0.39463	0.48487	449	1 045	1.83
104	345	143	0.58448	0.41552	0.51922	267	596	1.73
105	201	88	0.56342	0.43658	0.55512	154	328	1.63
106	113	52	0.54223	0.45777	0.59261	85	175	1.54
107	62	29	0.52095	0.47905	0.63179	45	89	1.45
108	32	16	0.49961	0.50039	0.67271	23	44	1.37
109	16	8	0.47824	0.52176	0.71547	11	21	1.30
110	8	4	0.45690	0.54310	0.76013	5	9	1.23
111	4	2	0.43562	0.56438	0.80680	2	4	1.16
112	2	1	0.41444	0.58556	0.85554	1	2	1.10
113	1	0	0.39342	0.60658	0.90647		1	1.05

年齢	生存数	死亡数	生存率	死亡率	死　力	定常人口		平均余命
x	l_x	${}_nd_x$	${}_np_x$	${}_nq_x$	μ_x	${}_nL_x$	T_x	$\mathring{e}_x$
0 週	100 000	64	0.99936	0.00064	0.06362	1 917	8 771 274	87.71
1	99 936	8	0.99992	0.00008	0.01225	1 916	8 769 357	87.75
2	99 927	5	0.99995	0.00005	0.00096	1 916	8 767 441	87.74
3	99 923	6	0.99994	0.00006	0.00247	1 916	8 765 524	87.72
4	99 917	16	0.99984	0.00016	0.00293	8 987	8 763 608	87.71
2 月	99 901	12	0.99988	0.00012	0.00138	8 325	8 754 621	87.63
3	99 889	28	0.99972	0.00028	0.00125	24 969	8 746 297	87.56
6	99 861	33	0.99967	0.00033	0.00093	49 921	8 721 328	87.33
0 年	100 000	172	0.99828	0.00172	0.06362	99 868	8 771 274	87.71
1	99 828	17	0.99983	0.00017	0.00042	99 817	8 671 407	86.86
2	99 811	12	0.99988	0.00012	0.00007	99 806	8 571 590	85.88
3	99 800	9	0.99991	0.00009	0.00010	99 795	8 471 784	84.89
4	99 791	7	0.99993	0.00007	0.00008	99 787	8 371 988	83.90
5	99 784	7	0.99993	0.00007	0.00007	99 781	8 272 201	82.90
6	99 777	7	0.99993	0.00007	0.00007	99 774	8 172 420	81.91
7	99 771	6	0.99994	0.00006	0.00006	99 768	8 072 646	80.91
8	99 765	6	0.99994	0.00006	0.00006	99 762	7 972 878	79.92
9	99 759	5	0.99995	0.00005	0.00006	99 756	7 873 117	78.92
10	99 753	5	0.99995	0.00005	0.00005	99 751	7 773 361	77.93
11	99 748	6	0.99994	0.00006	0.00005	99 745	7 673 610	76.93
12	99 742	7	0.99993	0.00007	0.00006	99 739	7 573 865	75.93
13	99 735	8	0.99992	0.00008	0.00007	99 731	7 474 127	74.94
14	99 727	9	0.99991	0.00009	0.00008	99 723	7 374 395	73.95
15	99 719	11	0.99989	0.00011	0.00010	99 713	7 274 672	72.95
16	99 707	14	0.99986	0.00014	0.00013	99 700	7 174 959	71.96
17	99 693	17	0.99983	0.00017	0.00016	99 685	7 075 258	70.97
18	99 676	19	0.99981	0.00019	0.00018	99 667	6 975 574	69.98
19	99 657	20	0.99980	0.00020	0.00020	99 647	6 875 907	69.00
20	99 637	22	0.99978	0.00022	0.00021	99 626	6 776 260	68.01
21	99 615	23	0.99977	0.00023	0.00022	99 604	6 676 633	67.02
22	99 593	24	0.99976	0.00024	0.00024	99 581	6 577 029	66.04
23	99 569	25	0.99975	0.00025	0.00025	99 556	6 477 449	65.06
24	99 544	25	0.99975	0.00025	0.00025	99 531	6 377 893	64.07
25	99 519	25	0.99975	0.00025	0.00025	99 507	6 278 361	63.09
26	99 494	25	0.99975	0.00025	0.00025	99 481	6 178 855	62.10
27	99 469	26	0.99974	0.00026	0.00026	99 456	6 079 373	61.12
28	99 443	26	0.99974	0.00026	0.00026	99 430	5 979 917	60.13
29	99 417	27	0.99973	0.00027	0.00027	99 403	5 880 487	59.15
30	99 390	27	0.99973	0.00027	0.00027	99 376	5 781 084	58.17
31	99 363	27	0.99973	0.00027	0.00027	99 349	5 681 707	57.18
32	99 336	28	0.99972	0.00028	0.00028	99 322	5 582 358	56.20
33	99 307	31	0.99969	0.00031	0.00030	99 292	5 483 036	55.21
34	99 277	34	0.99965	0.00035	0.00033	99 260	5 383 744	54.23
35	99 242	39	0.99961	0.00039	0.00037	99 223	5 284 484	53.25
36	99 204	43	0.99957	0.00043	0.00041	99 183	5 185 260	52.27
37	99 161	46	0.99954	0.00046	0.00045	99 138	5 086 078	51.29
38	99 115	50	0.99950	0.00050	0.00048	99 091	4 986 939	50.31
39	99 066	54	0.99946	0.00054	0.00052	99 039	4 887 849	49.34
40	99 012	58	0.99942	0.00058	0.00056	98 984	4 788 810	48.37
41	98 954	62	0.99937	0.00063	0.00060	98 924	4 689 826	47.39
42	98 892	67	0.99932	0.00068	0.00065	98 859	4 590 902	46.42
43	98 826	73	0.99926	0.00074	0.00071	98 790	4 492 043	45.45
44	98 752	81	0.99918	0.00082	0.00078	98 713	4 393 253	44.49
45	98 672	89	0.99909	0.00091	0.00086	98 628	4 294 540	43.52
46	98 582	98	0.99901	0.00099	0.00095	98 534	4 195 913	42.56
47	98 484	107	0.99892	0.00108	0.00104	98 432	4 097 379	41.60
48	98 378	117	0.99881	0.00119	0.00113	98 320	3 998 947	40.65
49	98 261	129	0.99869	0.00131	0.00125	98 198	3 900 626	39.70

第23回 生命表(女)

年齢	生存数	死亡数	生存率	死亡率	死 力	定常人口		平均余命
x	l_x	${}_nd_x$	${}_np_x$	${}_nq_x$	μ_x	${}_nL_x$	T_x	$\mathring{e}_x$
50	98 132	142	0.99855	0.00145	0.00138	98 063	3 802 429	38.75
51	97 990	155	0.99842	0.00158	0.00152	97 914	3 704 366	37.80
52	97 835	167	0.99829	0.00171	0.00165	97 753	3 606 452	36.86
53	97 668	177	0.99819	0.00181	0.00176	97 581	3 508 699	35.92
54	97 492	187	0.99808	0.00192	0.00187	97 399	3 411 119	34.99
55	97 304	199	0.99796	0.00204	0.00198	97 206	3 313 720	34.06
56	97 106	211	0.99782	0.00218	0.00211	97 001	3 216 514	33.12
57	96 894	225	0.99767	0.00233	0.00225	96 783	3 119 513	32.19
58	96 669	239	0.99753	0.00247	0.00240	96 551	3 022 730	31.27
59	96 430	253	0.99737	0.00263	0.00255	96 305	2 926 179	30.35
60	96 177	271	0.99719	0.00281	0.00272	96 043	2 829 875	29.42
61	95 906	293	0.99695	0.00305	0.00293	95 762	2 733 832	28.51
62	95 613	319	0.99667	0.00333	0.00319	95 456	2 638 070	27.59
63	95 295	344	0.99639	0.00361	0.00348	95 125	2 542 614	26.68
64	94 951	371	0.99610	0.00390	0.00376	94 768	2 447 489	25.78
65	94 580	399	0.99578	0.00422	0.00406	94 383	2 352 721	24.88
66	94 181	434	0.99539	0.00461	0.00441	93 967	2 258 338	23.98
67	93 747	475	0.99493	0.00507	0.00484	93 513	2 164 371	23.09
68	93 272	521	0.99442	0.00558	0.00533	93 016	2 070 858	22.20
69	92 751	569	0.99387	0.00613	0.00586	92 471	1 977 843	21.32
70	92 183	627	0.99319	0.00681	0.00648	91 874	1 885 371	20.45
71	91 555	690	0.99246	0.00754	0.00719	91 215	1 793 497	19.59
72	90 865	754	0.99170	0.00830	0.00794	90 494	1 702 282	18.73
73	90 111	826	0.99083	0.00917	0.00876	89 704	1 611 788	17.89
74	89 285	905	0.98986	0.01014	0.00968	88 839	1 522 084	17.05
75	88 380	996	0.98873	0.01127	0.01073	87 890	1 433 245	16.22
76	87 383	1 105	0.98736	0.01264	0.01198	86 841	1 345 356	15.40
77	86 278	1 237	0.98567	0.01433	0.01353	85 672	1 258 515	14.59
78	85 042	1 383	0.98374	0.01626	0.01537	84 363	1 172 843	13.79
79	83 659	1 550	0.98147	0.01853	0.01749	82 898	1 088 480	13.01
80	82 108	1 738	0.97883	0.02117	0.01998	81 256	1 005 581	12.25
81	80 370	1 947	0.97577	0.02423	0.02288	79 415	924 326	11.50
82	78 423	2 182	0.97217	0.02783	0.02627	77 352	844 911	10.77
83	76 240	2 448	0.96789	0.03211	0.03031	75 040	767 558	10.07
84	73 792	2 740	0.96287	0.03713	0.03511	72 447	692 519	9.38
85	71 052	3 047	0.95711	0.04289	0.04069	69 555	620 072	8.73
86	68 005	3 369	0.95046	0.04954	0.04714	66 348	550 517	8.10
87	64 636	3 701	0.94274	0.05726	0.05467	62 814	484 169	7.49
88	60 935	4 037	0.93375	0.06625	0.06353	58 944	421 355	6.91
89	56 898	4 345	0.92364	0.07636	0.07376	54 749	362 412	6.37
90	52 553	4 609	0.91230	0.08770	0.08530	50 269	307 662	5.85
91	47 944	4 844	0.89896	0.10104	0.09872	45 540	257 393	5.37
92	43 100	5 034	0.88321	0.11679	0.11487	40 595	211 853	4.92
93	38 066	5 130	0.86523	0.13477	0.13403	35 504	171 258	4.50
94	32 936	5 080	0.84576	0.15424	0.15574	30 386	135 754	4.12
95	27 856	4 884	0.82465	0.17535	0.18088	25 390	105 368	3.78
96	22 971	4 493	0.80442	0.19558	0.20496	20 687	79 978	3.48
97	18 479	4 002	0.78345	0.21655	0.23057	16 434	59 292	3.21
98	14 477	3 449	0.76173	0.23827	0.25782	12 705	42 858	2.96
99	11 028	2 875	0.73930	0.26070	0.28680	9 542	30 153	2.73
100	8 153	2 314	0.71615	0.28385	0.31763	6 950	20 611	2.53
101	5 839	1 796	0.69233	0.30767	0.35043	4 900	13 660	2.34
102	4 042	1 343	0.66786	0.33214	0.38531	3 336	8 761	2.17
103	2 700	964	0.64278	0.35722	0.42242	2 189	5 425	2.01
104	1 735	664	0.61713	0.38287	0.46189	1 381	3 235	1.86
105	1 071	438	0.59097	0.40903	0.50388	836	1 854	1.73
106	633	276	0.56436	0.43564	0.54855	484	1 018	1.61
107	357	165	0.53737	0.46263	0.59606	267	534	1.50
108	192	94	0.51007	0.48993	0.64660	140	267	1.39
109	98	51	0.48255	0.51745	0.70036	70	127	1.30
110	47	26	0.45491	0.54509	0.75755	33	57	1.21
111	21	12	0.42724	0.57276	0.81838	15	24	1.13
112	9	6	0.39965	0.60035	0.88310	6	10	1.05
113	4	2	0.37226	0.62774	0.95193	2	4	0.98
114	1	1	0.34518	0.65482	1.02515	1	1	0.92

これはあくまで統計資料なので、全員にまるっと当てはまるわけではないだろう。個々の事情を反映させたいなら自分で判断して加減算するしかない。

私の場合は今現在死に直結するような病気は抱えていない。それどころか、つい最近受けた健康診断の結果は健康優良中年として表彰してほしいほどだったので、数値をそのまま当てはめていいはずだ。というわけで、「女／五十歳」の列を見てみると、次のような数字が並んでいる。

生存数　98132
死亡数　142
生存率　0.99855
死亡率　0.00145
死力　0.00138
平均余命 38.75

……なんだこれ？

平均余命はまあ「平均してあと何年生きるか」なんだろうけど、他の数字はさっぱりわからない。だいたい「死力」ってなに？　死力を尽くすとか、そういう話ではないよね？

よくわからないので、とりあえず説明書きを読んでみた。

まず生存数。これは同じ年に生まれた人が十万人いたとして該当年齢から一年後まで生き延びると期待される人数を表しているのだそうだ。死亡数はその逆。それぞれの率は該当年齢時の生存数に対する確率で、百をかければパーセンテージになる。

と、いうことはですよ。どうやら、私と同い年の人たちはほぼ百パーセントに近い確率で生き残っているらしい。確かに、これまでのところ同い年の友人知人が奇禍以外で亡くなった例はほとんどない。

次は問題の「死力」だ。

資料によると「X歳における瞬間の死亡率を死力と呼び、μxで表す。」と定義されている。

うん、なるほど！

さっぱりわからん。

瞬間の死亡率ってなに？　とりあえずまた辞書のお世話になることにしたわけだが、さしものデジタル大辞泉さんも「え？　死力？　死んでもいいという覚悟で出す力じゃないの？　他にもあるの？」って感じでまるっきり役に立たない。

そこで最後の手段、ウィキペディア先生に教えを乞うたところ、さすが先生はご存じだった。

「それはね、保険数理で用いられる用語で、X歳に達した人が次の瞬間に死亡する確率を統計的に表しているんですよ」

ははあ、ということは、「五十歳になった瞬間ポックリ逝っちゃう確率」ってことでいいわけだ（たぶん）。そんな指数があったなんて、びっくりである。半世紀生きてきても、世の中知らないことだらけであることよ。

意味を（たぶん）理解できたので、改めて数値を見てみると、五十歳女の死力は〇・〇〇一三八。パーセントになおすと〇・一パーセントである。要するに、五十歳になった途端のポックリ死はほとんどありえないわけだ。

死力が〇・〇一を超えてくるのはなんと七五歳になってから。〇・一超となると九二歳を待たなければならない。ほぼ百パーセントになるのは一一四歳のこと。

数字の読み方が正しいのかどうかはさっぱり自信がないのだが、それでも比較的体も頭も動きそうな年代のうちにポックリ、はなかなか難しそうである。

うわ〜、こりゃ大変だ。

ひとまず、明日にでもカチンコチン体操になることはほとんどなさそうだが、心身ともに自在であるうちにさくっと死ぬのも難しそうだ。

現在の健康寿命は女性で七五歳ぐらいと言われている。それ以降はだいたいが何らかの持病を抱えることになり、八五歳になると認知症の有病率が五五パーセントを超えてくる。

ああ、やっぱり早いうちに死んでおかないと、何一つ意のままにならない状態で孤立死して腐る、みたいな満貫死になってしまうかもしれない。やっぱり早々にこの世から退去したほうがいい気がする。

……ってなことを広言すると、「ははは、お若い方はだいたいそうおっしゃいますな。しかし、実際に年を取ると死にたくない、長生きしたいと思うようになるものですよ」と、したり顔の謎紳士がいんちきおじさんのように登場するかもしれないが、独身高齢者候補はそんな情緒的な話をしているわけではないのだ。

貯蓄はほぼなし、もらえるのは国民年金だけ。その状況で働けるほどには体が動かなくなってしまった独身高齢者の死況はどう考えても闇だ。一筋の光もない。暗夜行路である。

切実に、心身健康なうちに死んでおかないと、ヤバい。

なんということでしょう。

若くして死んでもうまくいかないし、年取ってからでもうまくいかないなら八方塞がりではないか。

まったくもって「どうすりゃいいのさ、この私」である。

【ポイント】

1. 世の中には「生命表」なるものがあり、年齢ごとに一般的な死の確率がわかる。
2. 心身健康なうちにぱったりは相当難しいようである。

死に方プランがわからない

「死んでから腐るのは嫌だ」と言い続けてきたが、もう一つとっても嫌なことがある。まったく意識がなく、快復の見込みもないのに、生命維持装置に繋がれて生かされ続けることだ。言い換えれば、死に時に死ねなくなるのが嫌なのである。高齢者の過剰な延命治療が問題になって久しい昨今、たぶんみんなぼんやりとそう思っているのではないだろうか。

けれども、この問題は決して軽々しく答えを出していいものではない。

まず、「死に時とはいつなのか」について、じっくり考えなければならない。

次に、「死に時」を自分で決めていいのかという問題も出てくる。この部分については、四つに組んでじっくり取り組みたいとは思っているのだが、いつまでも観念的な話ばかりしていては先に進まないので、今は一旦保留する。

その上で現実的な話をすると、私の場合、とりあえず母親が生きている間は死ねないと思っている。

父は二〇一九年に逝った。自損事故がきっかけで発症した認知症が進んだことで体も衰え、最終的には老人性の肺炎で亡くなった。七十代前半だったので平均よりかなり早めの死ではあったが、晩年の諸々を勘案するとまずは上出来の死況だったと私は思っている。

一方、母はもうすぐ後期高齢者だが、まだまだ元気で勤めに出ている。遠く離れた地で一人暮らしをしているものの、近隣に親類が住んでいるし、何より友達の多い人なのであまり心配していない。

しかし、いつかは働けなくなるだろうし、一人で置いておけないことも出てくるだろう。事実、二〇二〇年の正月には身動きできないほどの腰痛を発症して、最終的に入院する騒ぎになった。降って湧いた出来事に私の仕事のスケジュールも多大な影響を受けたのだが、こればかりは仕方ない。今後のリハーサルだと思えば、得るものは多かった。

親孝行云々を持ち出すまでもなく、子が親の最期に付き合うのは、親が子の成長を助けるのと同様に「やらなくてはいけない」ことなのだろう。いわゆる〝毒親〟は見捨てられても仕方なかろうが、幸いなことにうちの両親はきちんと愛情をもって育ててくれた。ゆえに、私は義務を負う。

そんなわけなので、私の死に時の第一ポイントは「母親が死んだ後」ということになる。

うちの母がほぼ平均寿命で亡くなるとして、そうすると私は七十歳前あたりが最初の「死に時」ということになる。ということは、ここらあたりの年齢を仮想ゴールにして考えればよいわけだ。

一方、仮想ゴールに達する前の死も、視野に入れておかなければならない。

では、どちらを優先して「死に方」プランを作るべきか。

それは間違いなく後者だ。七十歳まではまだ二十年ほどあるが、突然死はいつやって来るかわからない。

というわけで、まずは突然の発病もしくは死に備え、快復不可能な場合はそのままあの世に旅立てるよう、なおかつ見つかるのが腐敗後にならないようにするための方法を模索することにした。

まず、第一に考えなければならないのは「異変があったらすぐに気づいてもらえる体制づくり」である。

うむ、これは大事だ。と、考え始めて、すぐに行き詰まった。

すでに無茶苦茶難しいじゃないの。

もっとも理想的なのは、何らかの計器類を体に着けておいて、バイタルサイン（呼吸・体温・血圧・脈拍）に異常が感知されたらすぐに様子を見に来てくれるシステムに繋がることだろう。実際、こうしたシステムはすでに開発されていて、介護施設などでは利用が始まっているらしい。しかし、個人利用となると費用がなかなかの負担になる。

だが、最大の問題は、提供されるサービスがあくまで「お知らせ」機能に留まるという点だ。「異常が発見されましたよ」というアラームが適切に発信されたとしても肝心なのはそこから先、アラームを受けて対処してくれる人がいるかどうかだ。

狼煙《のろし》があがっても、それを見つける見張り番がいなければ意味がない。現状、狼煙の道具を提供する業者はいくらでもあるが、見張り番までセットでサービスする業者となるとグッと少なくなる。しかも、いくら見張り番がいたところで、報告を受け取って「うむ、ではこのようにせい」と命ずる殿様がいないと意味がない。だが、殿様はどんな業者であっても提供不可能だ。近ごろ流行りのＩｏＴ（Internet of Things）も同じである。どれだけ機械的なシステムが整っていようが、その先に通報相手、そして判断者がなければ意味がないのだ。

結局、アラームを見つけた誰かが駆け付け、様子をみて適宜処置するという一番重要な流れは自前で構築しなければならない。そして、私のような身寄りの少ない人間にとって、ここが一番のネックとなるわけである。

今現在、通報先の第一候補は母ということになる。しかし、私自身に何かあった時の第一通報先として最適かというと微妙である。

第一に離れて住んでいるので、何かあってもすぐ駆け付けられるわけではない。

第二に勤務中は携帯電話などを所持できない環境なので、即時対応できない。

第三にいくらしっかりしていると言っても高齢者であり、パニックになる可能性が高い。

では、上記の三つをすべてクリアする相手がいるかというと、いない。

はい、手詰まり。

結局のところ、今すぐ「異変があったらすぐに気づいてもらえる体制」を打ち立てるのは無理、ときっぱりあきらめるしかなかった。

ここで、ちょっと思いを巡らせてみてほしい。

いつでも即座に連絡が取れ、すぐに駆け付けてくれて、常に冷静に的確な判断を下せる。

あなたの身近にこの条件すべてが当てはまる人はいるだろうか？　案外、ぱっと思い浮かぶ顔はなかったのではないだろうか。いたならば幸せなことだ。ぜひその方を大切になすってください。

では、いない私はどうすればいいだろうか。体制づくりの条件を下げるしかない。

「異変があったらすぐに気づいてもらえる体制づくり」を、「異変があったら気づいてもらえる体制づくり」にまでワンランク下げるのだ。これだと、いきなりばったり倒れてそのまま死んでしまう可能性は高くなるが、その後腐る可能性は少しだけ減る。発見されないことでむしろすんなり死んでいけるならそれはそれで望むところなので、私にはこれで十分かもしれない。

そういうわけで手始めに、せめて三日以内に気づいてもらえる体制づくりができないか考えることにした。

現在のところ、短いメールやLINE程度なら毎日送っても嫌がらずに受け入れてくれそうな人は、片手で数えられるほどにはいる。その人たちに「これから毎日連絡するから、丸一日連絡が途絶えたら通報してね」とお願いしておくことは可能だろう。

だが、私は人に物事を頼むのがどうも苦手だ。親でさえできる限り頼りたくない。誰かに無償の働きを求めるという行為自体が、どうにもむずがゆくて落ち着かないのだ。これは専《もっぱ》ら私自身の器が小さいせいなのだが、一朝一夕で性格が改まるわけもない。

よって、頼む相手も同じような境遇で、お互いに益がある人がいい。いわゆるWin-Winの関係ってやつなら、心理的負担も少なくて済む。その条件を組み込んで再度脳内検索したら、一人しかヒットしなかった。そこで、さっそくかくかくしかじかと話をして、一日一度のLINEでのやり取りを提案したところ、あっさり「いいよ

〜」と引き受けてくれた。

やることは単純。一日一度、手が空いたらスタンプを一個送る。相手から届いたのを見たら、自分も一個送る。これだけである。言葉を入力する必要がないから気が楽だ。たぶん、これ以上のコミュニケーションが必要となると、絶対すぐに嫌になる自信がある。相手も、たぶんそうだ。そこは似た者同士なのである。この手のコミュニケーションは、量や質の不均衡が起きないように似た者同士でやるに限る。まめな人はまめな人と、ものぐさはものぐさと組むのがちょうどいい。

というわけで、「異変があったら気づいてもらえる体制づくり」はものすごく姑息な一歩から始まった。できることからコツコツと、である。

だがこれで終わりではない。

何事も一つの手段だけに頼るのは危険だ。二の矢、三の矢を用意しておいてこそ「備え」になりうる。二度あることは三度ある。仏の顔も三度まで。三度目の正直。とにかく、三つ用意しておくことが大事だと私は思っている。よって、トモダチ作戦の次を探さなければならない。

すぐに思い浮かんだのが新聞宅配である。定期宅配といえば牛乳や乳酸菌飲料などもあるが、毎日となると新聞しかない。ないのだが……。ここで、ちょっと考えてしまった。新聞を取るとなると新たにコストがかかることになる。毎月だいたい四〜五千円というところだろうか。

仕事柄、情報への対価は惜しみたくない。実際、ネットでは新聞にきちんと課金して閲覧している。だが、紙の新聞となると、なんとなく躊躇《ちゅうちょ》してしまう。これまで新聞勧誘員に嫌な思いをしたことが何度もあるし、新聞紙の処分もめんどくさい。回収日に縛って出すという、やればものの数分で済む作業が、なんとも億劫《おっくう》に感じられるのだ。そもそも、ネットで新聞を読んでいる以上、情報媒体としての価値がない。さて、どうしたものかと思案していた時に、ふとひらめいた。

地方新聞を選んでみてはどうだろうか、と。

大阪で生まれ育ち、三十歳を過ぎてから東京に移住した私のような人間にとって、地方紙というのは人生の中でほぼ視野に入ることがない存在だった。だが、神奈川県横須賀市という地方都市に住むようになった今、地元密着型の新聞を試してみるのもいいのではないかと思ったのだ。

今後、一人で老人になっていくにあたり、好むと好まざるとにかかわらず地域社会との接続は不可欠になってくる。ならば、地域情報が充実している新聞を購読するのがいいのではないか。広く考えてリスクヘッジの一環になるだろう。

そこで「神奈川県　地方紙」で検索したところ、神奈川新聞がよさそうだったので（というか、他の地方紙はミニコミ紙に近い規模だった）、これを購読することにした。

調べてみると全国紙よりも購読料が安い。今時はオンラインで申し込みができるので、さっさと済ませ、あとは代理店からの連絡を待てばよい。クレジットカード決済もできるので、集金に煩わされることもない。

あとは何日分も新聞受けに溜まったら即座に「おかしい」と思ってもらえるよう、毎日忘れずに新聞を取り込み、長期にわたって家を空ける時は連絡を怠らなければよいだけである。さほど難しいタスクではない。

こうして久々に新聞を取り始めて早一年以上、新聞購読は思わぬ副次的効果を生活にもたらした。

当初は地方紙ならではの地域情報が役立つだろうと目論んでいたわけだが、さすがに一県全域を網羅する新聞となると思ったほど細やかな情報はない。その代わり、広告や新聞挟み込みのタウン誌がその役割を果たしてくれたのだ。自治体の広報誌や投げ入れのミニコミ紙なども捨てずに読むようになった。

また、じっくりと紙面に目を通すという習慣を久しぶりに……いや、もしかしたら生まれて初めて持ったおかげで、一再ならず有益な情報を得ることができたのである。

たとえば、市のスポーツ施設で開催されるトレーニング教室や、市から委託を受けた法人が主催する民法知識の勉強会、はたまたNPO法人が近所で運営しているボランティアグループなどなど、無料もしくは安価で私が求めるサービスを提供する団体が多数あることに初めて気づいた。

無論、こうした情報をネットから得ることは可能だ。しかし、一覧性と目的性の高い紙媒体は、ひと目で入って来る情報量が格段に多い。何よりよいのは「知らなかった情報」が手に入ることである。ネット検索は便利なようで、キーワードなり基本情報なりを知っていなければ、目的にたどり着きづらいという特性がある。紙媒体はそれがない。開けばそこに要不要関係なくドバッと情報が並ぶわけだ。

あとは、ざっと流し見しながら必要なものだけピックアップすればいい。

新聞の斜陽が叫ばれて久しく、今なお部数減は止まるところをしらないようだが、私としてはここであえて紙の新聞の購読をお勧めしたい。ネットで情報を探すより時短になるし、必要な情報はカメラで撮影して保存しておけばすぐに取り出せる。結局のところ、紙とネットの両刀使いが最強だったのだ。長らく新聞を取っていなかった私が言うのだから間違いない。

新聞が新聞受けに溜まったからといってすぐに対処してくれるかどうかは心もとないが、とりあえず白骨になるまで放置される事態には至らないだろう。気休め程度だが、やらないよりはいい。

さて、これで二の矢も整えた。残るは三の矢だが、さてこれはどうするか。

スタンプ作戦は個人の人間関係&デジタル、新聞宅配作戦は私企業&アナログで成り立っている。

そうすると第三の矢は公共機関&デジタルorアナログの組み合わせがよさそうだ。

よし、この線で調査を進めよう。

まずは「横須賀市　孤独死」で検索してみた。すると、市のサイトの「横須賀市の地域福祉」がヒットした。さっそく閲覧してみたのだが、見守り事業の対象者は案の定高齢者だけだ。がっくりである。

しかし、耳寄りな情報もあった。横須賀市では独自の終活支援事業を二つほどやっているようなのだ。ざっと内容を見ると、これはいい！と膝を打つような内容だったのだが、残念ながら今検討している「三の矢」とはちょっとずれる。そこで、それはひとまず保留にして「年齢不問の見守り事業」を探したが、やはり見当たらない。

まあ、当たり前である。今現在、現役世代は独り死んで腐る心配などほとんどない、と考えられている。行政の視野に入らなくても仕方あるまい。

そんなわけで自治体はあきらめた。

自治体以外で、こうした事業をしているところとなると何があるだろう？

NPO法人？　NPO法人は、非営利で社会貢献活動や慈善活動を行う市民団体が運営する法人だから、行政サービスからはこぼれ落ちる私たちみたいなのを対象にする事業があるかもしれない。これはいけるんじゃないか。そこで、さっそく「NPO法人孤独死」で検索したところ、なんとぴったりのサービスが見つかった。

ＮＰＯ法人エンリッチが提供するＬＩＮＥでの見守りサービスだ。

内容はそのまんま「スタンプ作戦」である。つまり、毎朝ＬＩＮＥで送られてくる安否確認のメッセージに「ＯＫ」ボタンを押して応答するだけ。しかも、サービスは無料で提供されている。

求めよ、さらば与えられん、とはこのことか。

勢い込んで登録しようとした私だったが、ふと心にブレーキがかかった。

登録する以上、自分だけでなく、「緊急連絡先」も先方に教える必要がある。つまり、自分以外の個人情報も提供しないといけないわけなので、より慎重になるべきではないか、と。

大変ごもっともな意見だ。

そこで、慎重にサービス内容を精査することにした。

まず、このサービスの最大の目的は「孤立死」――死後長期間発見されない事態を防ぐことにある。孤独死防止を謳《うた》っているわけではないのがミソだ。つまり、私がもっとも恐れている「死後、腐った状態で見つかる」ことを防ぐのを最大の目的としているのだ。なんとぴったりではないか。

サービス提供者は、なぜこの要点にたどり着くことができたのだろう。

気になったので、新聞記事でこの法人のことを検索した。すると、数件ヒットした。中には法人の代表理事を務める紺野功氏のインタビュー記事もあった。そこには、紺野氏が「たとえひっそり孤独に死んでいったとしても、孤立死にはさせない」というごくシンプルな理念を掲げるに至った理由が書かれていた。

紺野さんは二〇一五年二月に、御令弟を孤立死で亡くされているのだ。

それを見て決心した。実際にお話を伺ってみよう、と。インタビューをお願いしたのは二〇二〇年のことである。突然のお願いにもかかわらず快く面会に応じてくださった。

御令弟は、五一歳で亡くなった。今の私といくらも違わない。ITエンジニアだったそうだが、自宅作業の自営業者で独身独居という点も似ている。

ご遺体が発見されたのは、死後一週間ほど経ってからだった。発見したのは取引先の担当者で、電話が繋がらないことを心配して自宅まで訪ねてくれたのだという。紺野さんには、警察から連絡があった。

「死因は低体温症でした。その頃の弟はアルコールに深く依存し、セルフ・ネグレクト状態にあったので、家の中にもかかわらず低体温症になってしまったのでしょう。ただ、警察官の話では、意識不明のまま数日は生きていたのではないか、とのことでした。もし、私が弟の異変に気づき、部屋を見に行くことができていれば助かったかもしれない。

そう思うとやり切れませんでした」

普段はほとんど付き合いがない兄弟だったが、亡くなった当年の正月には実家で顔を合わせていた。その時、やけに痩せた姿が気になってはいた。だが、切迫感は特になかった。

しかし……。

「初めて訪れた家の様子に驚きました。掃除した形跡のない乱雑な部屋には、数十台ものパソコンやモニターがほこりを被ったまま放置されていました。床には何千冊ものパソコン雑誌が山積みです。寝るスペース以外、足の踏み場もありませんでした。冷蔵庫の中を見ると、まともなものはなく、数ヶ月前の食べ物さえそのまま入っていました。きっとアルコールばかり飲んでいたのでしょう。突然死も不思議ではない、そんな生活を送っていたようです」

お話を聞きながら、私はどんどん居たたまれない気分になっていった。

弟さんは私だ、と思ったのである。

今の私はセルフ・ネグレクトとは程遠い生活だ。自己管理はばっちりだし、家事万端きっちりしている。しかし、なにかの拍子に気力を失えば、たちまち生活が荒れるのは目に見えている。

前科があるのだ。

かれこれ四半世紀ほど前、小売店の店長をやっていた二十代半ばのことだ。日々のストレスに耐えかねた私は、帰宅後はウイスキーとチョコレートしか口にしない生活を続けていた。そんなだから当然朝食は抜き、まともに食べるのは昼だけなんていう無茶を数ヶ月やった。一人暮らしだったので、誰も注意してくれない。体重は急激に落ちたが、自覚は全くなかった。痩せて嬉しいとも思わなかった。体形を気にする余裕さえなかったのだ。

思えば、完全に精神が参っていたのだろう。体が保《も》ったのはひとえに若さゆえである。もし、今あんな生活をやったらたちまち体を壊すに違いない。アルコール依存症にもなるだろう。当然、その先には孤立死に直結する孤独死が待ち構えている。

御令弟の最期は、リアルな「私の将来」だった。

「見守りサービスのようなものに登録しておけば、孤立死はかなり防げることでしょう。しかし、現行のサービスのほとんどは高齢者が対象です。けれども、現役世代にも弟のような状況に陥る人は少なくないはずです」

うんうん、と大きく頷く私。

「早めに発見されれば助かる命もあるだろうし、もし残念ながら亡くなったとしても長期間放置されるようなことは防げるはずです。弟のような末路をたどる人が一人でも減るよう、なにかしたかったんですよ」

そうして立ち上げられたのが、ＮＰＯ法人エンリッチの安否確認サービスなのだ。サービスの概要は次の通りである。

エンリッチの「見守りサービス」に友だち登録すると、任意のタイミング（二十四時間ごとから）で安否確認メッセージが送られてくる。メッセージ中の「ＯＫ」ボタンをポチッとな、と押すと、安否確認は終了。実に手軽かつ気軽なスキームだ。

もし、メッセージが送られてから二十四時間経っても返信がなければ、再度メッセージが送信される。送信後三時間以内に反応がない場合は、電話で安否確認する。それらにすら反応がないと、再々度メッセージを送信し、一、二時間しても「ＯＫ」がタップされなければ初めて登録済みの緊急連絡先に連絡がいく。

この緊急連絡先なのだが、エンリッチの場合は相手に許可さえ取っていれば親族以外でもいい。つまり友人や恋人、あるいは介護サービス提供者や不動産業者などでもＯＫなのが特徴だ。シンプルで合理的。余計な情報の提出も求められない。必要以上に立ち入ってくることもない。安否確認サービスとしては理想形だろう。

この手のサービスの場合、相手を近親者に限るケースが少なくない。そのせいで登録に二の足を踏む人だっているはずだ。私のように肉親が少ないケースもあるし、何らかの事情で親類縁者には連絡を取りたくない人だっている。私の場合、今は母親と、住んでいる家の大家さんと、比較的近所に住んでいる友人の三人を連絡先として登録している。

サービスを知った当初は〝無料〟というのに引っかかり、なにか裏があるのではないかと疑っていた。こんなご時世である。タダほど高いものはない。けれども、サービスが生まれた背景を知り、紺野さんに実際にお会いした結果、間違いなく公益を志した活動だと納得した。事実、紺野さんの活動はほぼ手弁当である。

サービスは個人の登録は無料、複数人がひとつの団体を作って個別にサービスを利用する場合（「つながりサービス」という）は有料だが、それもごくわずかな金額だ。

この仕組みがうまく働くのか疑う向きもあるかもしれないが、その点に関しては、有効性が証明されてしまった。残念ながらサービス利用者に初の死者が出て、規定通りの対応が取られた結果、ご遺体が早期発見されたのだ。亡くなられた方は六十歳の独居者だった。もしサービスを利用していなければ気づいてもらえない可能性があったそうだ。見知らぬ方ながら、ご冥福をお祈りするとともに、同じような境遇にいる者として「早く見つけてもらえてよかったですね」と声をかけたい気持ちでいっぱいだ。

二〇二二年六月現在でエンリッチの登録者数は六六三七人。内訳は男性三八・八パーセント、女性六一・二パーセント。登録者の年齢は、下は一九歳から上は九三歳。また、サービス開始以降、実際に亡くなった方は四名だという。

このサービスに登録して以来、ネット上とはいえ「必ず見つけてもらえる」という安心感は、私の精神状態に大変よい影響を与えている。なにせ、腐らずにすむ確率がドカンと上がったのだから。この上は、サービスが安定的に長く続くよう、微力ながら何かお手伝いできればと考えている今日このごろである。

【ポイント】

1. 自分の最適な死に時は何歳ぐらいなのか考えてみる。
2. これだけは嫌だ、と思う死に様を想定する。
3. 嫌な死に様を避けるためのサービスがないか、頭がしっかりしているうちに調査しておく。

死に場所がわからない

見守りサービスに登録したことで、最悪の死況だけは逃れられそうだ。

だが、これで万事メデタシではない。腐る可能性はまだまだ残っている。根っからの心配性としては安心しきれない。一ミリも腐らない状態で発見され、スムーズに火葬されるためには、死後半日以内に発見されるに如《し》くはないはずだ。

そして、独居の身でそれが確実に叶う手段は、ほぼ一つしかない。

病院死である。

病院なら、九割は死ねば間髪を容れずにわかるだろうし、東日本大震災級のエマージエンシー下でもない限り、半日以上放置されるなんて絶対にありえない。よって、百パーセント腐ることはない。

〝腐敗、ダメ。ゼッタイ〟の観点に限るならば、病院死がもっとも望ましいわけだ。

ところが、である。

今、病院死は徐々にハードルが高い死に方になりつつあるのだ。

その背景には国策がある。

一九五一年、つまり戦後間もない社会では人口の約八割が自宅で死を迎えていた。

だが、一九八〇年に病院死の割合が五〇パーセントを上回ると、二〇〇五年には完全に状況は逆転し、介護医療施設なども含めれば八三パーセントが医療施設で死ぬ状況になっていた。自宅死は一二パーセント。病院で死ぬのが当たり前、の時代になったのだ。

だが、はたして病院は死に場所として適切なのか。そんな疑問が各方面から湧き上がった。そして、ほとんどの人たちが否定派に回った。

「人は病院のベッドで死ぬべきではない。家庭や住み慣れた場所で死ぬべきだ」と。

ここから、官民挙げての「入院死から在宅死へ」運動が始まる。

結果、二〇一八年には数値が七ポイントも下がり、医療施設で亡くなるのは七六パーセント、逆に自宅や入居中の老人施設で亡くなる人が二〇パーセントまで増えた。何事も遅々として進まないのが国家的病である我が国で、緩やかとはいえ確かな結果を出し、継続して減少傾向を維持できているのは椿事といっていいだろう。

では、なぜそれが可能だったのか。

もちろん、在宅医療体制の充実や、老人施設の対応力のアップなど理由は様々あるだろうが、最大の勝因は〝兵糧攻め〟だった。厚労省は、長期入院患者が増えれば増えるほど、病院が儲からないシステムを作り上げたのだ。

損益分岐点は「三ヶ月」。

それ以上になると、診療報酬がガクンと下がってしまう。

だから、病院側は意地でもリミットまでに退院させようとする。病床の回転率が即、経営状態に影響するからだ。ぶっちゃけ長居をされては儲からぬ、のである。

しかし、人体は厚労省の決めたスケジュール通りに治るわけではない。三ヶ月を超えても退院できるような状態にない患者はどうするのか。

転院させるのだ。転院すれば、カウントはリセットされるから、もう三ヶ月入院できる。こんな状況なので、在宅での加療が難しい病気の場合は、治るか死ぬまで転院の繰

う。

　とはいえ、今はほとんどの病気で在宅医療が可能になっている。伝染病のような隔離が不可欠な病気でない限り、ほぼ間違いなく退院を求められると考えておけばいいだろう。

　この制度がいいのか悪いのか。方針自体の是非は、ここでは問わない。だが、間違いなくいずれは自分に降り掛かってくる問題である。

「でも、それは急性期病院の場合だけでしょう？　緩和ケアのホスピスなんかだと、死ぬまでずっと入っていられるんじゃないの？」

　と思ったあなた。私もそう思っていました。とある記事を読むまでは。

　二〇一九年七月十一日、ぼんやりYahoo!ニュースを眺めていると、こんなタイトルが目に入った。

「がんの末期なのに緩和ケア病棟やホスピスを出される？」

　ん？　どういうこと？

　クリックしてページを開くと、きちんとした医療記事で、書き手は大津秀一氏という現役の緩和ケアのお医者様だった。どうやら煽り記事ではなさそうだ。

　読み進めると、冒頭に終末期の肺癌を抱える七十代女性の実例が記されていた。

　仮名で鈴木さんというその女性は不治の病に罹《かか》っていたが、独居だったため、最期の日は緩和ケア病棟で迎えることを希望していた。ホスピスに入った末期癌の友人が穏やかに他界していったのを見て、自分もあんな風に、と思われたそうだ。

余命はその時点で数ヶ月。すでに足腰はかなり弱り、いつ歩けなくなるかわからない状態だという。安心して死に逝ける場所を希望するのは当然のことだろう。

それなのに、鈴木さんへの病院側の宣告は驚くべきものだった。

『まだ早い、〝本当に〟悪くならないと入院できません』（記事より引用）

しかも、

『入院が長くなったら帰ってもらいます、それを約束してください』（同）

とまで言われた、と記事にはある。

なぜ鈴木さんはこのような扱いを受けなければならないのか。

当該記事では、その理由を、二〇一八年に緩和ケア病棟の入院料支払いの基準が改定されたためだとしている。

新基準では、直近一年間の入院実績において、
条件1．全患者の平均入院日数が三十日未満で、患者の入院希望から平均十四日未満で入院させていること。

条件2．患者の一五パーセント以上が退院して在宅に移行するか、診療所等に転院する

こと。

のいずれかを満たしていれば、診療報酬が高くなるように設定された。

条件1は病院の回転率をあげること、条件2は病院で死亡する患者を減らすことを目的としているのだろう。緩和ケア病棟で二つ目の条件が提示されるのは奇異に感じるかもしれないが、緩和ケアは必ずしも看取りばかりが目的ではない。患者の生活の質＝QOL（Quality of Life）をあげ、病状を改善することもミッションに入っている。よって、ある程度回復して退院していく人もいる。

このような国の方針自体の是非は、ここでは問わない（二度目）。

だが、少なくとも、緩和ケア病棟ですら、真に安定した死に場所になりえないのだけは確かなようだ。

少なくとも、記事中にあった「国は緩和ケアを普及させるという方針と裏腹に、緩和ケア関連の診療報酬を引き下げています。」との文言に、私は新型コロナ対策でも垣間見えた政府の本音が顔を出しているような気がした。

経済成長に直接結びつかない分野には、金を出したくない。

これに尽きるのだろう。

しかし、国がどう制度設計しようと、人の命ばかりは彼らの思惑通りにはならない。

当初は二ヶ月で済むはずだった入院が何らかの理由で四ヶ月に延びて、三ヶ月を過ぎる前から毎日矢のように転院を促される、なんてことも十分起こりうる。というか、日々実際に起こっている、らしい。

そこで、だ。

自分を主人公にしてちょっと想像してみた。

人生最後となる正月を家で過ごし、松の取れないうちに入院することになった。余命数ヶ月と宣告されたのは去年の十月。当初は年を越せるかすら怪しかったが、治療が功を奏したのか、現在は小康状態を保っている。だが、体力も体重も落ち、桜を見られるかどうかすらおぼつかない。どれだけ生きても、梅雨入りのニュースは聞けないだろう。

でも、それはいい。死ぬのは怖くない。後悔もない。

だが、ひとつだけ心配していることがある。

転院の件だ。緩和ケア病棟への入院期間が三ヶ月に達してしまったら、私は転院しなければならないのだ。

今回の入院は、すでに身の回りのことをするのも難しくなってきたために決まったものだ。だが、まだ意識はあり、体も動く。今日明日死ぬ、というわけではないのだろう。

だから、もし、緩和ケアがうまくいって多少寿命が延びてしまったら私は転院しなければならない。三ヶ月で死ねなければ、他の病院に行くしかない。

去年の十月の状態では年越しすら危うかった。でも、今こうして生きている。治療は、数十日単位とはいえ、確実に寿命を延ばすのだ。今回も同じことが起こるかもしれない。けれども、無事四月を迎えたとして、その頃の私はどうなっているのだろうか。はたして転院手続きができるほどの心身を保てているのだろうか。

実は、前回の入院時、初めてせん妄を経験した。時間の感覚がなくなり、今自分がどこにいるのかもわからず、パニックに陥った。記憶の混乱が起こったせいで、とっくに辞めた職場に連絡しなければと大いにあせったり、十五年前に死んだ猫のルーちゃんに餌をやらなければと病室で大騒ぎしたりした。幸い、その状態は一週間ほどで解消されたが、もし入院が長引けば、再び認知に問題が出てくるかもしれない。それでなくても、薬剤でボーッとする時間も増えるだろう。体力が落ちれば、決断力や思考力も低下する。

そんな状態で、はたして私は転院の手続きができるのだろうか。もしできなければ、誰がサポートをしてくれるのか。不安で不安で、仕方ない。

書きながらどんどん暗い気分になっていったわけだが、十分起こりうる事態である。もし〝想像のワタシ〟が六五歳以上であれば、高齢者としてケアマネージャーや生活相談員に差配を任せられるかもしれない。だが、六五歳未満には、同じような役割を果たしうる公的システムはない。独身独居の人間は、六五歳になるまでは孤立無援のサバイバルでやっていかなければならないのだ。それは困った。なんとか良い手立てはないものか。
次は「いざという時頼れる人探し」がテーマになりそうだ。

【ポイント】
1．今後はどんどん「病院で死ぬ」のが難しくなっていく。
2．一般病棟では三ヶ月が入院期間の限度、緩和ケア病棟でもそうなりつつある。
3．病院は安泰な死に場所ではないので、病院で死ぬつもりだった人は注意。

ソーシャルワーカーがわからない

福祉の網の目から漏れる私たち現役世代の独身独居者が死に瀕した時、誰に手伝ってもらえるのか。

友人や親戚に頼れたら問題ないだろう。だが、それすらいなかったら。

ソーシャルワーカーにお願いするしかない。

色々と調べるうちに出てきたのがこの結論だった。

ソーシャルワーカーとは、困っている人々を社会的にサポートする人たちである。日本ではまだ一般的な存在とはいいがたいが、案外身近にもソーシャルワーカーはいる。

民生委員だ。

民生委員とは、

民生委員法により厚生労働大臣の委嘱を受けて地域の福祉増進のために活動するボランティア。児童福祉法による児童委員も兼ねている。かつては経済的に困っている住民を支援する仕事が中心であったが、現在では高齢者や障害者や児童の福祉に関する訪問活動などが増加。(『イミダス2018』より一部抜粋)

という存在だ。つまり、地域福祉の担い手である。

だが、正直いって、私自身はあまり民生委員に頼りたい気がしないし、またいざという時にすんなり頼れるとも思えない。というのも、対象者は高齢者やひとり親家庭、または困窮家庭といった従来定義の「社会的弱者」であり、私たちのような「一見普通の市民」は視野に入っていないからだ。

そもそも、私は地域の民生委員にアクセスする方法を知らない。

そこで政府広報オンラインで「民生委員」の項目を調べてみたが、「お住まいの市区町村にお問い合わせください」と書かれてあるだけ。そこで居住市のホームページで検索してみると「下記『お問い合わせ』に、直接お問い合わせください。」との一文が出てきただけ。電話番号と問い合わせフォームのリンクは張られていたが、これはちょっとハードルが高いなあと思わざるを得なかった。手続きなどについてなんの情報もなかったからだ。

そもそも、あなたは自分が住んでいる地域の民生委員が誰で、どこに住んでいるか知っているだろうか？

私は知らない。というか、これまで何度か引っ越しを繰り返してきた中で、一度として「地域の民生委員」を意識したことはなかった。自治体から何らかの案内があったこともない。意識しない限り、完全に透明な存在である。もしかしたら、若い人は「民生委員」という言葉すら知らないかもしれない。

ある意味、まったく正体がわからない人にアクセスするだけでも心理的障壁があるというのに、さらにまず役所を通さないといけないのだ。しかも、どんなやり取りが発生するかもわからないと来ている。ハードルだらけだ。

だが、それ以上に躊躇するのが、今まで顔も知らなかった隣人に自分のプライベート、それももっとも弱い部分をさらけ出さなくてはならない、という点である。

もちろん民生委員には守秘義務があるし、辞任しても守秘義務の拘束力は継続する。つまり、民生委員は、関わった人たちのプライベート情報を墓場まで持っていく義務がある。だから安心……となればよかろうが、一部に不心得者がいるのは経験的に知っている。ご近所のセンシティブなプライバシーの漏洩元が民生委員だったなんて話を聞いたことがあるのだ。

民生委員法で、民生委員に任命された人は「常に、人格識見の向上と、その職務を行う上に必要な知識及び技術の修得に努めなければならない。」と定められているが、法律で定められているからといってそれが必ずしも万全のストッパーにならないことは言うまでもない。

制度の理念自体は素晴らしいものだし、献身的に地域社会を支える存在になっている民生委員の方々はたくさんいることだろう。そして、ほとんどが義務に対して忠実であろうと心がけていると思う。

だが、社会が複雑化し、社会的ポリシーも日進月歩の現代社会において、本来専門知識を持つスペシャリストが担うべき社会福祉を無給ボランティア任せにしたままなのはどうなのだろう。

欧米の先進諸国では、ソーシャルワーカーは修士以上の学歴が当たり前の専門職だ。医学で人を救うのが医師、法学で人を助けるのが弁護士だとしたら、ソーシャルワーカーは複雑な社会制度の知識を駆使して人を泥沼から引き上げるのを仕事とする。

そして、彼らの手で生活を正常に戻せた人が多ければ多いほど、社会は安定し、発展していく。功利主義的にみても、ソーシャルワーカーの仕事は欠かせない。それなのに、社会福祉の最前線を未だ素人のボランティア任せにしているあたり、いかにも日本だよなあと思う。

しかし、希望はある。

医療分野にフォーカスすると、そこには医療ソーシャルワーカー（MSW：Medical Social Worker）がいるのだ。

仕事内容は、医療を必要とする人の経済的、心理的、社会的問題のフォローや、社会復帰の援助など。つまり、病気になって発生する、病気以外のあれこれを解決してくれる人なのだ。

そして、これが何より大事なのだが、彼らは素人のボランティアではなく、プロフェッショナルな仕事人なのだ。

こんな人がいるのか！

存在を知った時は、ちょっと感動した。

感動したが、なぜ今まで知らなかったのだろうと不審にも思った。

そこで、医療ソーシャルワーカー（以下ＭＳＷ）について、調べることにした。

まず、ＭＳＷはどこにいるのか。

答えは「一定規模以上の病院」である。医師や士業のように個人で開業しているわけではなく、総合病院や大学病院などの医療機関に所属しているのだ。

現在のところ、ＭＳＷそのものの資格はない。ただし、多くのＭＳＷが国家資格である社会福祉士や精神保健福祉士の資格を持っている。立派な専門職だ。

そんな彼らとの接点は当然院内になるわけだが、患者だったら誰でもお世話になるわけでもない。経済的、心理的、社会的問題を抱え、なんらかの援助が必要となる場合に限られる。

前回入院した時はＭＳＷのお世話になることはまったくなかった。当時の私が抱えていたのは医学的問題だけで、手術は無事成功、予後も順調で、体力さえ回復すれば退院後はそのまま以前の生活に戻るだけ、だったからである。

だが、たとえば日常生活に差し障るような後遺症が残る疾患だったら、入院時か退院時のカンファレンスで会うことになっただろう。また、前項で想定したような緩和ケア病棟への入院などが必要になるレベルだと、確実にサポートしてもらうことになる。

相談相手はちゃんといるわけだ。これは大きな安心材料である。

しかし、実際には、どのようなコミュニケーションが行われるのだろうか。なにせ、自分は恩恵に与《あずか》ることができなかったので、制度の概要はわかっても、具体的な内容は皆目わからない。

これはなんとかして現役医療関係者のお話が聞けないか……と思ったのが、二〇一九年の暮れの声も聞こえ始めた頃だった。

そして、ひらめいた。あの人がいるじゃないか、と。

あの人?

あの人とは誰なのか。

勤め人時代の上司Tさんだ。

誰やねんそれ、と思われたことだろうが、まあちょっと聞いてください。

突然だが、告白しよう。

私という人間は傲岸不遜であること人後に落ちない。いばるようなことではないが。よって、親だろうが教師だろうが上司だろうがそう簡単には言うことを聞かないし(ために随分損をしてきたが、完全に自業自得である)、まして尊敬するなど極めて稀だ。だが、そんな私でも無条件に頭が下がる人が何人かいる。そのうちの一人が、Tさんである。

Tさんと出会ったのは、とある新規事業の立ち上げメンバーとして中途採用された会社でのこと。配属された部署で、直属の上司となったのがTさんだった。Tさんが採用されたのは私のひと月前なので、同期といえばほぼ同期である。だが、半月も経つと、自分が所属する部署の実質的なボスは課長でも次長でもなく、このTさんなのだと本能的に悟った。とにかく有能なのだ。

一見、カールおじさんを縦長にしたような、のんびり屋の雰囲気を漂わせるTさんだが、中身はまったく違った。真に〝頭のいい人〟というのはこういう人なんだなと素直に思った。案の定、ものの半年も経たないうちに、課内はもちろん、同部署内の他課からも一目置かれる存在になっていた。

Tさんが会社にいたのは二、三年だった。単身赴任されていたのだが、どうしても家族の元に帰らなければならない事情が発生し、退職されたのだ。

帰郷後には地元の病院に事務員として就職したと聞いてはいた。だが、驚いたのはその後の経緯だ。次に消息を聞いた時には、なんと事務方のトップになっておられたのだ。この間、数年もなかったように記憶している。呆れるやら感心するやらだが、とにかく、そういう人なのである。

そんなわけで、Tさんに頼めば、医療関係者から話を聞けるのではないかと思いついた。そこで恐る恐るメールをしてみたところ、二つ返事で引き受けてくださった上に、取材のセッティングまでやってくださったのだ。実にありがたいことだった。持つべきものはよき元上司だ。
こうして、私はお二人のMSWからお話を聞く機会を得たのであった。

MSWがわかった！

取材に応じてくださったのは、大分県のとある地域の中核病院でMSWとして働いておられる井元哲也さんと今尾顕太郎さん。長年、現場で医療に携わってきたベテランである。
職業柄だろうか。お二方とも物腰柔らかく、対面者を緊張させない空気の持ち主である。それに力を得て、私も勉強不足丸出しの恥ずかしい質問を、遠慮なくさせてもらった。
まず聞いたのは、MSWという職業そのものについてだった。
「医療ソーシャルワーカーとは、患者さんに困りごとがでるたびに、何に困っているのかを聞いてアドバイスをする役割です」（今尾さん）
「ここ二十年ぐらいで広く知られるようになった職業ですね。今では百床を超えるような病院には必ず配置されるようになりました」（井元さん）
医療の高度化、そして高齢化による医療費公費負担増大が問題視されたのは、二十年ほど前のことだ。強い危機感から医療改革が始まり、医療分野の機能分化が進められていった。

例として、私たちにもっとも身近なのは、一九九二年の医療法改正で一気に進んだ医薬分業だろうか。

昔は病院にかかると、会計を終えて院内薬局で薬をもらうまでが一連の流れだったが、現在は処方箋をもらい、院外の薬局に行くのが一般的だ。制度が変わった当初はなんてめんどくさいことをさせるのかと思ったものだが、今では当たり前のようにやっている。人間なんて所詮は慣れの生き物だ。

それはさておき、病院の機能分化は、医療資源の分配を最適化することで無駄なコストを抑え、年々増大する医療費を抑制するのを目的としている。一つの病院があらゆる機能を持つとその分無駄も増えるので、適宜役割分担していきましょう、というわけである。

しかし、社会のあらゆることがそうであるように、業務が分化／特化すると、同じ院内や地域でも連携が取れなくなってしまうケースが多発する。それによって不都合が生じたり、かえって無駄が増えたりでは意味がないので、間を取り持つコーディネーターが求められる。

そこで注目された存在がＭＳＷだった。

実は、MSWの役割を果たした人たちは戦前からいた。日本における草分けは、米国で学び、帰国後は聖ルカ病院（現在の聖路加国際病院）に勤めた浅賀《あさか》ふささんとされている。戦後すぐにはGHQの指導によって各保健所に配置されもしたそうだが、業務規定が曖昧だったこともあり、一時は下火になっていたそうだ。

だが、介護保険が始まったことで状況は変わった。介護と医療の橋渡し役が必要になったことで再びMSWが注目され、一定規模の病院には「地域医療連携室」が設けられるようになった。

「病院によってソーシャルワーカーの使い方は違います。入院患者全員につける病院もありますし、病棟の看護師や医師の判断によってMSWが介入することもあります」（今尾さん）

私がMSWのお世話にならなかったのは、入院した病院が後者だったからだろう。だが、もし経済的な問題など、退院後になにか困り事を抱えるのが確実な場合、MSWは必ず登場し、力になってくれたはずだとお二方はいう。

「日本は健康保険がありますが、入院医療を受けるとなると、やはり最低でも月十万円ぐらいは必要になります。そして、患者さんの中には、それさえ払うのが難しい方がいる。病院としては患者さんに命にかかわる病気が見つかった時に治療しないという選択肢はありません。治療を妨げているのが経済問題であるならば、負担軽減のために利用

できる制度を探し、利用手続きのお手伝いをするのが私たちの仕事です」(今尾さん)

MSWは基本的に社会福祉士の資格を持っている。社会福祉士は国家資格であり、「社会福祉士及び介護福祉士法」に「専門的知識及び技術をもつて、身体上若しくは精神上の障害があること又は環境上の理由により日常生活を営むのに支障がある者の福祉に関する相談に応じ、助言、指導、福祉サービスを提供する者又は医師その他の保健医療サービスを提供する者その他の関係者との連絡及び調整その他の援助を行うことを業とする者」と定められている。つまり、医療福祉分野における調整業務の専門家なのだ。

専門家に手伝ってもらえるほど心強いものはない。

では、経済問題以外のところ……つまり、今の私が抱えているような諸問題についても、どうなのだろうか。

たとえば、入院の保証人や手術の同意書にサインしてくれるような第三者がいない場合は

「もちろん介入できますよ。ただ、そういう場合は本当にケース・バイ・ケースになるとは思います。しかし、少なくとも、病院が第三者の同意がないことを理由に治療拒否するのは考えられません」(今尾さん)

では、なんらかの措置を取ってくれると?

「そうですね。手続きとしては、まず本人に意思決定能力が十分にあるかどうかを検討

することになるでしょう。そこに問題がないとなれば、その患者さんに関わるすべてのスタッフに意向が共有され、本人の同意だけでいこう、となるはずです。ただし、決定までには多少時間がかかるでしょう。院内会議でのディスカッションが必要になりますので。そして、最終決定までに交わされた議論が書面として残されると思います。専門家が複数集まってディスカッションをしたという実績が、本人の意向が正当だったことを証明する根拠にもなるわけです」(今尾さん)

よかった。第三者がいないからといって放り出されるというわけではないようだ。だが、意思決定できない状態と判断された場合はどうなるのだろうか。

「それもケース・バイ・ケースとしか言いようがないですね。この部分に関してはずっとグレーなままで、法的にはなにも定められていません。MSWの中でも、対処方法に関しては意見が分かれています。MSWが患者さんに代わって意思決定すべきだと考える人たちもいますし、それは流石に重すぎると反対する人たちもいます。代理意思決定権はそんなに簡単なものではありませんので、ずっと線が引かれないまま来ているんですね。だから、その都度病院スタッフみんなで悩みながら、ベストではないけれどもベター、という道を探す作業を続けていくしかない、ということになります」(今尾さん)

確かに、まったくの赤の他人の生死にまつわる判断を、本人の同意なしに下すのはかなり難しいだろう。

「あくまで個人的な意見ですが、やっぱり当人がどうありたかったのかを探ることをしない限り、結論は出ないと思っています。ですから、ご本人がどんな死生観を持っておられたか、どんな最期を迎えたいのかなど、核になる部分を知っているような方がいたら、家族や親族に限らず接触を図って聞いた上で決めることになるでしょう。独善的に、あるべき論だけで決めることだけは避けたいので」（今尾さん）

「我々の仕事の中では『合意形成』という言葉がよく使われます。患者さんを中心にした人間関係の中で合意をとっていき、共有するのが大前提なのです。MSWの専門性は、関係性の中にあると言っていい。だから、完全な孤立の中で生きてきた方に関しては、ご本人にとって最善な方法は何なのかを医療チーム全体で考えることになると思います」（井元さん）

やっぱり色々と事前に決めておかないと、大変なご厄介をかけることになるわけだ。人の命に拘《かかわ》る決断をするのは大きな精神的負担になる。私はそれを父の死に際で経験した。下した決断は正しかったと確信しているが、それでも心のどこかに「本当にあれでよかったのか、他に道はなかったのか」と問い続けている私がずっといる。身内でさえそうなのに、赤の他人であればなおさらだろう。

それでも、余命わずかと告知された患者に対しては、希望の死に方をヒアリングすることもあるというお二人。当然、そこまで立ち入るには、患者と良好な関係性を築けているかどうかが鍵になる。
「以前、こんなことがありました。仮にAさんとしておきましょう。Aさんはとある病気で入退院を繰り返していました。けれども、病は癒えることなく、次の入院が最後になるかもしれない、という状況でした。ところが、Aさんには縁者がほとんどおらず、死後の整理を頼める相手がいない。そこで、ずっと担当していた私が『次の入院が最後かもしれません。今後について何か希望があれば、よかったら教えてもらえませんか？』と尋ねました。すると、『最期はあんたに頼むしかない』とひと言おっしゃったんです。『他に頼める人がいないから』と。それからというもの、ポツポツとですが、自らの死をどうするかについて考えを聞かせてくれるようになりました」（井元さん）
死ぬ準備をするためにもう一度だけ家に帰りたい、死んだら福祉の担当者に連絡を取ってほしい、墓はどこどこにあるのでそこに入れてほしい……。Aさんは思いつくたびに井元さんを呼び出し、希望を述べたという。きちんと話を聞いてくれる相手を得て、初めて後顧の憂いを断つ気力がわいたのだろうか。井元さんは、Aさんの最後の願いを叶えるべく、尽力した。
ただし、ヒアリングした患者の願いのすべてを叶えられるわけではない。別のケースでは、患者の希望通り親族に連絡したところ、こちらでは一切関われないと断られ、結局井元さんが骨上げまでやったこともあったという。今尾さんもまた、ホームレスだった患者の死後、火葬から埋葬まで面倒をみたことがあるそうだ。

一般的には、まったく身寄りがなく、葬儀などの手配もされていない人が亡くなると役所の社会福祉系部門が〝遺体処理一式〟を担うことになる。だが、当然ながら葬送儀礼は一切なく、ただ遺体を火葬場に運んで焼くだけで、遺骨は破棄される（自治体によっては合同墓に納骨することもある）。

「ですが、本当にそれでいいのかという思いを個人的には持っています。日本には葬送文化がありますよね。つまり、日本人として生まれた以上、最後ぐらいは日本人らしい方法で送られるべきではないか、と。もし最後に関わった人間がＭＳＷなのであれば、それも私たちがやるべきことではないかと思うんです」（今尾さん）

無料で来てくれるお坊さんを探して火葬前に少し読経してもらった上、お骨を拾ってお寺の無縁塚に納めたことも、何度かあった。

「ただ、それをしながらも、本当によかったのかと悩みました。はたして縁もゆかりもない人間に骨になった姿を晒したいものだろうかと疑問も持ちましたし。僕のやったことが正解かどうかはわかりません」

皆さんは、どう思うだろうか。

ありがたいと思うだろうか。それともおせっかいと思うだろうか。

私はいざとなったら骨は廃棄されても仕方ない、と思っている口だ。だから、もしここまでやってもらえたらありがたいという言葉しかないし、もしそんな見送られ方をすると事前に知っていれば安心して逝ける、ような気がする。

だが、当然そこまでやるべきではないと考えるMSWもいるという。それはそれで理解できる。MSWの誰もがお二方のように人間の尊厳について深く考えているわけではないだろう。職業観や死生観も一人ひとり違うはずだ。

ゆえにMSWに繋がれたらもう安心、すべて任せられるというわけではない。むしろこのようなケースは極めて良心的な人に担当してもらえたがゆえの幸運だったと考えるべきだろう。

やはり、身寄りがない人間ほど、自分の後始末の計画だけはしっかり立てておかなければならないのだ。

そして、もうひとつ重要なことがある。

延命処置するか、しないか、の意思表示だ。

MSWとして数多の死に際に接してきたお二人の話を聞きながら、私はぼんやり感じ始めていた。

やっぱり鍵は〝意思表示〟なのだ、と。

病院は命を救う場所である。よって、基本的には目の前の命の灯を消さないことを何よりも優先する。けれども、死なない＝元の生活に戻れる、ではない。極端な話、本当に命が繋がっているだけ、の状態にもなりうる。

それがいいのか悪いのか。これについてはすでに何度かふれてきたので、ここでは改めて蒸し返すつもりはない。

だが、医療機器と病院スタッフの手を借りながらただ呼吸し、脈だけ打っているような状態は恐怖すら覚える。リビング・ウイルに登録したのは、そんな事態を防ぐためなのだが（リビング・ウイルについては後程）。

「数年前のことです。Sさんという女性が救急で運ばれてきました。搬送時はかなり危険な状態でしたが、スタッフの懸命な措置によってなんとか蘇生はしたのです。しかし、人工呼吸器に繋がれ、挿管を外すと命を保てない状態でした。そして、すべての処置が終わった後に駆けつけた親戚——たしか甥とか姪とか、そういう立場の方だったと思いますが——によって、ご本人が署名したリビング・ウイルが示されたのです」（井元さん）

搬送時、Sさんの所持品からは意思表示カードなどは見つからなかった。

「そこからが大変でした。ご親戚は『Sは救命措置をしてほしくなかった。私たちもSの意思を尊重したかった。それなのになぜ助けたのか』と抗議をされまして。ただ、救急病院では、運ばれた時点で何も確認できない場合、救命しか選択肢はありません」

至極当然である。

「ですが、親族の方々はリビング・ウイルを盾に、人工呼吸器の挿管を取ってくれと主張されました。しかし、病院としては受け入れられない要望です。さらに胃瘻《いろう》が必要と判断されるに至り、先方もかなり感情的になってしまいました。どうしてSの意志が尊重されないのだ、とお怒りになったのです」

病院はやるべきことをやっただけだ。本来責められる筋合いはない。だが、説得する立場にいる井元さんも、疑問を感じないではなかったという。

「最終的にSさんは療養型の病院に転院することになりました。ですが、ご本人に意識があれば『こんなはずじゃなかった』とおっしゃったでしょう。私自身、何が正解だったのかと自分に問い続けています」

同様の事例は誰の身にも起こりうる。

私のように身近に家族が住んでいない人間は特に危険だ。

以前は一度延命装置を付けてしまうと、それを中止するという判断はほとんどされなかった。

しかし、医療現場でSさんのような例がたびたび発生した結果、後から明確な意志を確認できた場合は延命治療を中止してもいいのではないかとする医師も増え始めている。だが、積極的に中止の判断をする医療関係者はまだまだ少ない。法的にかなり危ない橋を渡ることになるからだ。

それに、いわゆる延命治療については誤解も少なくないと今尾さんは指摘する。

「たとえば、あるＡＬＳ（筋萎縮性側索硬化症）の患者さんは、主治医に気管切開を勧められましたが、当初は断るつもりでいらっしゃいました」

ＡＬＳが進行すると痰などの分泌物が気管を塞ぎ、窒息してしまう恐れがある。医師が勧めたのは、それを防ぐために吸引装置をつけるためだったのだが。

「一度気管切開してしまうと人工呼吸器を付けられてベッドの上に縛り付けられた状態になり、風呂やデイサービス通いなど、それまで享受してきた生活ができなくなると懸念されたのです。ですが、実際にはそんなことはありません。気管切開後の一般的な生活をきちんとご説明したところ『ならば一度考えてみる』と言って帰宅されました」

ところが、直後に大きな不幸が起こってしまった。気管切開を受け入れると決めたその夜に、窒息して亡くなってしまったのだ。

「患者さんが治療方法についてすべて正しい知識を持っているとは限りません。たとえば、胃瘻は一度付けたら外せなくなり、一度も経口摂取に戻れないまま死ぬまで無理やり栄養を取らされる、というようなイメージを持つ方が多いかと思います。ですが、そうではないんです」

これに関しては私も経験がある。亡父が脳出血で入院した際、医者から胃瘻を勧められた。すでに認知症がかなり進んでいた父の代理意思決定者だった私は、提案を聞いた瞬間に強い抵抗感を覚えた。今尾さんがおっしゃったように、胃瘻に対して「二度と戻れない無駄な延命処置」という漠然としたイメージを持っていたからだ。

けれども、よくよく話を聞くと、あくまで一時的な治療手段であり、必要がなくなれば穴を閉じて経口摂取に戻れるという。そして、実際その通りになった。胃瘻にしていたのはわずか二週間ほどで、外した後は無事経口摂取に復帰した。

父は、その後二年は生きた。その二年が当人にとって幸せなものだったかどうかはわからない。だが、少なくともベッドの上でただ生かされているだけではなかった。心身に問題を抱え、徐々に衰えてはいきながらも、いわゆる〝日常生活〟を送っていたのは紛れもない事実だ。

中途半端な知識では、命の問題さえ誤断する可能性がある。それが情報化社会の怖さだと今尾さんは指摘する。

「胃瘻についてはドクターの間でも議論がありました。昔は飲み込みの能力が悪くなったら即胃瘻を作って誤嚥を防ぐべし、という流れがあったのです。しかし、その処置が本当に最適なのかについては、これというエビデンスがありませんでした。むしろ、病院の都合で胃瘻を作ることが多かった。背景には手間のかかる経鼻栄養を嫌う病院が多いため、胃瘻にしないと療養型病院に転院させづらいという事情がありました。制度の弊害が出ていたんです。よって、『胃瘻を安易に考えすぎているのではないか』という議論がドクターの中でも起こったわけです」

患者側にしてみれば、転院のためだけに本当に必要かどうかわからない手術をされた、という印象が残りかねない。ベッドの上で呼吸するだけの廃人のようになってしまった患者を目の当たりにした家族が、胃瘻をつけたがために生き長らえ、無駄な苦しみを負わせてしまったと感じたら、以後は胃瘻を全否定するだろうし、周囲にもそれを話すだろう。

一方、我が亡父のようなケースは、一過性の治療として時が経てば忘れてしまう。こうして「胃瘻＝悪」の漠然としたイメージだけが積み上がっていく。

胃瘻に当てた焦点を「延命治療」全体に拡大しても、同じ流れが起こっているようにも思える。みんな口を揃えて「無駄な延命治療はしてほしくない」という。だが、何割の人が「無駄な延命治療」とはどんなものなのか深く考えたことがあるのだろうか。

正直、この本を書き始めるまで、私も延命治療に対して、ぼんやりとしたイメージしか持たず、医者は金儲けのために何が何でも延命させようとするのだろう、ぐらいに思っていた。

だが、実際は違った。

医療の現場では、制度の壁にぶつかりながらも、理想の終末期医療を模索している人たちがいる（ただし儲け主義の病院があるのも事実である）。

なぜ試行錯誤が繰り返されているのか、その理由は簡単だ。

私たちが、人類史上初めての「なかなか死ねない世の中」を経験している世代だからだ。

唐突で恐縮だが、今、私の手元には一葉の古いモノクロ写真がある。母方の家族の集合写真だ。昭和三十年になるやならずの頃に撮られたそうだ。

五センチ四方の枠の中に収まっているのは幼い母と伯父、そしてまだ若い祖母とその母、私にとっては曾祖母にあたる人だ。そしてもう一人、曾祖母と同世代と思しき親戚の女性という人が写っている。

曾祖母と親戚の女性の見た目は八十代のお婆さんのようだが、年齢を逆算すると撮影時はおそらく五十代前半だったはずだ。今の私とそういくつも変わらない年齢の女性は、写真の中では明らかに私より何十歳も老けている。

昔なら死んでいたはずの命を繋ぎ止められるようになったのは一九七〇年代以降のこと。日本では、その時期、初めて平均寿命が男女ともに七十歳を超えた。そして今は男女ともに九十歳を超えようとする勢いだ。たった半世紀ほどで、寿命が十歳以上も延びたのである。それに伴い、外見も若さを保つようになった。

一方で、健康寿命は今でも男女とも七十代前半にとどまっている。

つまり、ごくごく単純に数字だけで解釈すると、死ぬ前の十数年間は多かれ少なかれ誰かの手を借りなければ生きていけない状態になると覚悟しなければならないわけだ。

ところが、昔の老人に比べてなまじ体力があり、見た目も若々しいがゆえに、自分の人生が下り坂に入っていくことに気づきづらい。

今の五十六十は老人と呼ばれるには少し早い。

それは確かである。

しかし、単純に生物として見た時、もういつ死んでもおかしくない領域に入り始めているのも間違いない。特に奇禍に遭うこともなく、健康に気をつける生活をしていれば、かなりの確率で九十歳まで生きる時代だ。だが、誰もが心身頭脳すべて健康な状態でたどり着けるわけではない。それを自覚した上で、少なくとも五十代に入ったならば蘇生処置や延命治療に関する最低限の意思表示は行っておくべきだろう。いや、むしろ、まだまだ活躍できる世代こそ、真剣に考えておかなければならないのだ。

私たちは、漠然と、病気や怪我が治りさえすれば元の生活に戻れるとイメージしてしまう。だが、実際には何らかの後遺症が残ることが多い。特に年を取れば取るほど、元の生活に戻れるかどうかは危うくなっていく。

何もできない子供のようになってしまった自分。

ベッドの上で動けなくなった自分。

そういう状態ならまだ考えが及びやすいかもしれない。

しかし、それより怖いケースもある。

ぱっと見は以前と変わらないのに、実は何らかの障害を負ってしまうケースだ。脳疾患によって発生する高次機能障害などはその好例だろう。一見知的レベルは保たれているように見えるものの、実際には記憶力や判断力の低下、あるいは人格の変化が起こってしまう。

家族なら病気のせいと理解した上で付き合えるが、さほど親しいわけでなければ気づけない。怒りっぽくなったせいで誤解を受けたり、物忘れが激しくなったせいでルーズな人と見られるようになったりすれば、社会生活に差し障りが出てくる。好むと好まざるとにかかわらず〝生涯現役〟でいなければならない子無しの独り者にとって、これは致命的だ。

とにかく、長生きすればするほど、心身の衰えは思わぬタイミングで、予想外の形で表れてくる。結局、現代人は起こりうる事態を想定した上で、それに対する手当てを予めしておくのが必須なのだ。

そして、もし延命治療に対する正確な認識を持った上で、それでもなお尊厳死を選択するのであれば、周囲の人たちに余計な苦悩を与えないよう、事前に明確な意思表示をしておかなければならない。

逆に言うと、「延命治療を拒否する」なんてことは、いつ死んでもいいように準備を済ませている人だから言えることであって、何もしていないくせにいきなり「尊厳死させろ」はド厚かましいにもほどがあるのだ。

「とはいえ、どう死にたいかを完全に決めておくのはやはりハードルが高いと思います。ですから、せめて継続して考えておいてもらいたいなと思うんです。死についての思いは刻々と変わるものです。脳梗塞を発症して寝たきりになり、目しか動かせないような状況になって、文面には延命しませんとなっているけど、死が迫って来る中でやはり生きたいと思い直す人もいます。意思決定が変わる可能性は十分あるんです。ただ、思いの傾向はあるはずですので、それを普段から考え、家族や友人にでも伝えておいてもらうと、何かの時には重要な判断材料になります」(今尾さん)

確かに、死に対する思いは、考えれば考えるほど変化していく。私にも変化があった。ただ、私の場合、「納得のいく人生さえ送っていれば死は悲劇ではなく、救済である」というベースの部分だけは変わっていない。そこを起点に考えると、私が他人に伝えておくべき「判断材料」はおのずから浮かび上がってくる。

私は、私の人生にかなり納得している。だから、母さえ見送れば、その後はいつ死んでも構わない。よって、死病を得た時点で天涯孤独の身であれば、一切の蘇生措置や延命治療は拒否する。そして、MSWと信頼関係を作った上で、死後処理の一部——具体的には関係者への死去の連絡だが——を手伝ってもらえるようお願いしておくつもりだ。

一方、母の存命中に私に何か急なことがあった場合、元の生活に戻れるなら蘇生措置と延命治療のどちらも希望する。だが、母に身体的／経済的負担をかけるような状況になりうるならば、そのまま死んでいきたい。

あるいはこんなケースも考えられる。

月単位の、比較的近い将来に死ぬのは間違いない。けれども、救命すれば母が私の死に納得できるだけの時間を作れる。ならば、今際《いまわ》の際《きわ》の蘇生措置だけは絶対しないという条件が満たされる場合のみ、救命治療をしてもらう。考えれば考えるほど細かいケースが出てくるわけだが、ひとまずは、〝死に至る病（含む怪我）〟で病院にかかる場合の方針は決まった。

まず、入院までに余裕がある場合は、日本尊厳死協会が出している資料を基に尊厳死に肯定的な病院を探し出し、そこに入院なり転院なりできるように手配する。

次にできるだけ早くＭＳＷと繋がり、自らの〝死の方針〟を伝える。

〝死の方針〟はしっかりと書面化し、第三者が閲覧可能な状態にしておく。今の世の中ならブログなんかもありかもしれない。あれも社会一般様に向けて公開しているものだし。とにかく、自分が何を頼み、何を頼んでいないかを（もしいれば）第三者に伝えておく。

以上である。

【ポイント】

1. いざとなるとソーシャルワーカーを頼るのも手だ。民生委員は居住地域の役所の福祉課が紹介してくれる。
2. 病院にはＭＳＷがいて病気以外の諸々を相談できる。
3. 自分の理想の死を実現するためには意思の書面化が必須。

尊厳が守られるかわからない

安否確認サービスのおかげでひとまず腐る確率は低くなった。
病院に入った時に頼るべき人も明確になった。
しかし、まだまだ安心できない。
どうやれば周囲の人たちに私の意思が正確に滞りなく伝わるのか。
その方法がわからないからだ。
バッタリ倒れているのをなんとか発見してもらえたとして、問題はその後だ。
生きていたら生きていたなり、死んでいたなら死んでいたなりに、やらねばならぬことがある。

そして、どうやら生きて見つかったケースの方が、死んで見つかった時より面倒なことになるかもしれないのだ。

ここでまたまたちょっとシミュレーションしてみたい。

バッタリ倒れた後、生きている状態で発見されたら。

たぶん、私は病院に運ばれることになるだろう。

その際、はっきりと意識があり、かつ正常な判断が下せる状態であれば問題はない。

だが、バッタリ後、他人様に発見される事態に至ってなおシャキシャキ受け答えできるっていうのは、ちょっと考えられない。よって、この段階ではほぼ意思表示も判断もできないと考えた方がよい。

意思確認ができない場合、病院は私の命を救うべく全力で治療してくれるはずだ。

その結果、テレビドラマのように全快すればオールオッケーだ。

だが、大変中途半端な状態で命だけが繋がってしまう可能性がある。というか、結構な確率でそうなる。日本の延命技術は普通なら助からない生命をも救えるほど高度だからだ。

もちろん、これは先人のたゆまぬ研鑽《けんさん》のおかげであり、とてもありがたいことではある。

だが、すでに触れた通り、私は死んで腐るのと同じぐらい「死に時に死ねないこと」を強く恐れている。

誤解しないでほしいのだが、私は決して「自分の面倒を自分で見られないなら死んだ方がいい」と言いたいのではない。

人は、ただ生きているだけで尊い。

半世紀ほどの人生の中で何度も家族親族友人知人の「死」に直面した結果、私は心の底からそう思うようになった。実体験だけでなく見聞したニュース、読んだ本、鑑賞した映画や芝居等々にも影響されているが、いずれにせよ「生命の尊さ」は決して綺麗事ではないと確信している。

生命は、たとえほんの僅《わず》かな時間しか生きられなくても、あるいは何ら自発的行動ができなくても、「生まれてきた」「懸命に生き続けている」というただそれだけで人の心を動かす。心の動きは波紋となって広がり、やがて本人すら与り知らないどこかで何かを起こす。起こる出来事の大小、また吉と出るか凶と出るかは神のみぞ知るだが、生命とは「ただそこに在《あ》る」だけで世界を変えるポテンシャルを持っているのだ。

優生思想が許されないのは言うまでもないが、あれこれ御託を並べるまでもなく、どんな生命も等しく「そこに在る」権利を持ち、そしてそれは何人《なんぴと》たりとて侵害できない。

これは絶対に揺るがない原則だ。

だがしかし、である。

自分自身に降り掛かってくる現実問題として考える時、「親身になって面倒を見てくれる人がいない状態で、自発的意思を失ったまま生き長らえる」場面を想像するとどうしても怯んでしまう。

そんな状態になったら、生活の一切は他人に委ねるしかなくなる。

もし、家族やそれに当たる人がいて、さらに何らかの支援事業と繋がることができれば、環境が許す限りのレベルで快適な生活を送れるだろう。

だが、頼れるのがどちらか一方だけだった場合、困ったことが起こる。

具体的に言うと、生命は維持できるけれどもＱＯＬが著しく損なわれている状態、つまりとてもではないが快適とはいえない環境で生きなければならなくなるかもしれないのだ。

看護や介護は一通りではない。家族、その道のプロ、ボランティアと立場は色々あれど、できることはそれぞれ異なる。今の私の境遇だと、身の回りの世話は百パーセント家族以外の人に頼ることになる。そうなった時、最低限の看護または介護は受けることができるだろうけど、ＱＯＬは保証されない。

そもそも「人に面倒を看てもらう」状態は、看る方も看られる方も心身ともに大きな負担が伴う。

すべてを家族だけで完結しようとすると、家族の誰か（多くは家事を担わされる女性）にしわ寄せが来る。そのストレスは甚大で、最悪の場合、殺人や無理心中など悲劇的な破局を迎える結果になるのは数多くの事例を見ても明らかだ。

だからといって、介護のプロフェッショナルにすべてを任せればいいかというと、そうでもない。プロといえども百パーセント「家族のように」世話をするのは無理。〝仕事〟であるがゆえにケア内容を絞らなければならない局面も出てくる。

立場が違う複数の目と手があって初めて、被介護者にとって快適かつ持続可能な環境が成立するのだ。

このことで脳裏に甦るのは、父を入所させる介護施設を探していた時期の思い出である。

発症から一年が経ち、父の認知症は日に日にひどくなっていった。身体機能も著しく衰えた。介護保険を利用してヘルパーなどの助けを得、なんとか生活は成り立っていたが、早晩難しくなるのは火を見るよりも明らかだ。早々に手を打つ必要があった。

私としては、回復の見込みのない父に全精力を注ぐより、先の人生がまだ長い母の負担を最小限にすることを優先したいと考えていた。それに、私の人生だって大切だ。冷たいようだが、家族全員共倒れだけは避けなければならない。なので、父を老人介護施設に入居させることにためらいはなかった。母は一時的に抵抗感を示したが、今どきの施設が彼女のイメージとは異なることを実見して以来、ひとまず異を唱えなくなった。
そんなわけで、私は複数の施設を見学に行った。

暑い時期だった、ような気がする（当時のことはあまりよく覚えていない。脳が選択的に記憶を拒んだのだろう）。

自転車に乗って右往左往……じゃない、東奔西走した。交通手段を自転車に限ったのは、当時はまだ自動車の運転をしていた母がいずれ運転できなくなる時のことを考えたからだ。そして、最終候補が三つほど残った。

さて、どの施設にお願いするか。

私は大いに悩んだ。いずれも一長一短があり、決めかねたのだ。親を施設に放り込むのに躊躇ない冷たい娘（ある人物に言われた言葉。今でも根に持っている）である私といえども、やはりできるだけ快適な生活を送らせてやりたい。

施設Aはスタッフの雰囲気がとてもよかった。いわゆるアットホームというやつだ。だが、共同使用エリアの端々に掃除が行き届いていない様子が見てとれた。

施設Bは内装がとても豪華だった。支払い額を考えると破格である。ただ、スタッフは精彩を欠くというか、生気が感じられず、対応もロボットのようだったのが気になった。

施設Cはスタッフも施設もそこそこだったが、わざわざ温泉水を運んできているとかいう大浴場が広々としていて快適そうだった。大の風呂嫌いの父だったが、温泉なら喜んで入っていたなあなどと考えた。スタッフは適度にスマイルで、適度に事務的だった。どこも一長一短で、これという決め手がない。思いあぐねた末にFacebookに現状を書き込み、介護経験者の皆さんにアドバイスを求めたのだ。するとと、複数の人から「スタッフはいずれ入れ替わる。施設と運営体制で決めろ」とのアドバイスがきた。

なるほど、その通りだと膝を打った。

そこで「施設と運営体制」を判断基準に熟慮を重ね、最終的には大浴場のある施設Cに決めた。結局、そこが父の終《つい》の棲家《すみか》となったわけだが、私としては正しい選択だったと思っている。

施設Cは運営母体が大手ホテルを経営する企業だったために、介護から家族対応まで一切の業務が完全にマニュアル化、システム化されていた。結果として、スタッフの能力による作業ムラが最低限に抑えられていたのだ。

二十一世紀になった今でも、マニュアル接客やマニュアル業務というのは一部に大変評判が悪い。曰く、マニュアル通りでは心が通っていないそうである。

だが、あえて言おう。

大切なのは心ではない。マニュアルである、と。

そもそもマニュアルとは、「誰がやっても同じ結果」を得られるよう定められた手引書である。そして、この「誰がやっても同じ結果」になるというのはとても重要だ。

日常生活の動作では能力よりも習慣性がより物を言うのは、たぶん誰もが実感することだと思う。家事なんかは長年続けると何も考えずとも体が動くようになるが、その境地に到ってようやく「ていねいな暮らし」的なものに興味が向くようになる。主に家事従事者だった人が中年以降になるとどんどん手作り保存食や園芸なんかに手を出し始めるのは、そういうことなのだと私は理解している。どんな作業であれ、寝ていてもできるレベルまで習熟してこそ、はじめて「心」を乗せる余裕が出てくるというものなのだ。

だが、介護の担い手は必ずしもベテランばかりではない。当然ビギナーもいるし、職場が変わればベテランでも一時的には新人になる。そうした環境下において、質が平均して保たれる介護を求めるなら、個人技に頼ってはいけない。マニュアルがしっかりしていて、かつそれに沿った運用がなされているのが一番だ。

まして、マニュアル以上の感情労働をスタッフに求めるのは過剰要求だろう。うちの家族にはどうしても「きめ細かな心遣い」が必要だというなら、そこは自分が提供すればよい。オプション選択権はサービス利用者にあるが、オプションの品揃え自体は提供者が決めることであり、利用者が提供者に過剰なサービスを求めてはいけないのだ。たとえ「金を出している客」であっても。

施設とマニュアルさえしっかりしていれば「生きるために必要な介護」と「最低限の環境」は提供される。だが、人の手と目は限られた資源であり、一人ひとりが快適と感じるレベルまですべてを整えるのはほぼ無理だ。

たとえば、うちの父の場合、服に食事時についたと思しきシミがそのままになっていることがよくあった。もちろん、異臭がするわけではないし、病気の原因になるほど不潔ではない。だが、見た目は汚らしい。健常者であれば着替えるだろう。けれど自分で何一つできないのであれば「汚れた服を着たまま過ごす」日常を甘受するしかない。

こうした「生命保持だけが目的なら不要だが、人としての尊厳を守るためにやったほうがいい作業」を細やかに提供できるのは家族や、家族に近い感情を持っている人間だけである。

こう考えると、私が被介護者になるのを恐れる理由もわかってもらえるのではないだろうか。そう、残念ながら私には最初から「家族や、家族に近い感情を持っている人間」というピースが抜け落ちているのだ。

さて、またまたシミュレーションの世界に入っていきたい。

今後も社会保障制度が現在のレベルで持続するとしよう（そうあってほしい）。

急病の末に取るものも取り敢えず病院に運ばれ、救急治療を受けた結果「自発的に動けず意思表明もできない状態」のまま延命する羽目になった。絶体絶命っぽい状況だが、今の日本なら病院付きのＭＳＷが、私の生命が維持されるよう様々な手続きを取ってくれるだろう。皆保険制度や福祉制度によって、私の生命は保全されるかもしれない。だが、家族ピースはないし、用意されることもない。ていうか、できるわけない。結果として、生活の質が大幅に低下するのは間違いない。人としての尊厳が損なわれるかもしれない。

それは、とっても、嫌だ。

は？　人は生きているだけで価値があるんでしょう？　だったら、生きていさえすればいいのでは？　すでに人事不省なら自分の状況なんてわからないんだし、とツッコまれるかもしれない。

確かにその通り。

だけど、嫌なものは嫌だ。

私は、その状態では生きていたくない。

死後も同じである。もう死んでいるんだから、腐ろうが燃えようが関係ないといえば関係ない。

だけど、私は腐りたくないのだ。

詰まるところ、人間の尊厳とは、生死にかかわらずその人が「これだけは嫌だ」と思うことは絶対にされないこと、なのだと思う。

そして、「これだけは嫌だ」と思うのに理屈はいらない。

嫌なものは嫌だ、でいいのだ。

嫌だから、私は死に時が来たら逆らわずに死んでいきたい。回復の見込みがないのなら、自身の尊厳を守るために自然にあの世に旅立ちたい。よって、死に時がきたらスムーズに死ねる体制を整えておく義務が、私自身に対してあるのだ。

【ポイント】

1. 万全な介護とは家族・プロの介護者・好意的な隣人（含むボランティア）があって初めて成り立つ。
2. マニュアルがあってこそ初めてそれ以上のパフォーマンスが発揮される。
3. 生きるも死ぬも「嫌なものは嫌だ」の精神が大事。

尊厳死の仕方がわからない

人として尊厳を保ったまま死にたい。

今では「尊厳死」の名で知られるこうした概念が、一般に広まり始めたのは一九七〇年代後半のことである。

一九七六年、米国でとある歴史的な判決がくだった。

二一歳で植物状態に陥った米国人女性カレン・クインランの両親が起こしていた延命治療中止を求める訴えに、ニュージャージー州最高裁判所は延命拒否の権利を認めたのだ。後に「カレン裁判」と呼ばれるようになったこの判決を機に、米国では尊厳死の法制化が進んでいく。

カレン・クインランの若い肉体は、脳が死んでもなお生き続けた。だが、その生は機械に接続することで初めて保たれうるものだった。家族とて、最初は何が何でも生きていてほしいと願ったことだろう。だが、長引くにつれ、経済的心理的負担がどんどん増していった。

決して回復しないのに、終わりは見えない介護。両親が「ただ生かされているだけの娘」を見続けなければならない現状を打破したいと願ったのは、当然すぎるほど当然の帰結だ。

日本でも同年に現在の「日本尊厳死協会」の前身組織である「日本安楽死協会」が立ち上がり、市民レベルでの活動が始まっている。だが、名前が「安楽死協会」であることからもわかるように、当初は安楽死と尊厳死の概念はさほど厳密に分けられていなかった。より正確を期するなら「尊厳死」なる言葉自体がなかったのだ。

しかし、現在ではこの二つは明確に区別される。

安楽死は当人の意思に基づいて、医者が薬物の投与などの積極的な医療行為を代行して死に至らしめる。

尊厳死は延命処置の拒否／中止と苦痛の低減を求めるのみで、積極的に死を早めることはしない。

よって前者が法的に自殺幇助《ほうじょ》とみなされるのに対し、後者は自然死への道を開く行為と定義されている。

是非はさておき、私は時と場合によっては安楽死もいいのではないかと思っている口なのだが、少なくとも尊厳死は私の死に際には絶対に不可欠だと考えている。

だが、いくら切望していても、必要な時に必要な相手に伝わらなければ実行されることはない。

医療現場の第一義は救命、そして延命である。医者が勝手に「この人、生命維持装置に繋がなきゃ生きられないだろうから、無駄な治療はやめておこう」と判断することは百パーセントない。予後がどうなろうと、まずは目の前の命を救うことに傾注するのが仕事であり、使命なのだ。というか、そうじゃないと困る。生殺与奪権を握った医者なんて、おっかなくて仕方ないではないか。だから、尊厳死の希望が伝わらない状況下で延命処置を施されてしまっても、文句は言えない。よって、私は意思が間違いなく伝わるよう、準備しておかなくてはならない。

一番クリアかつシンプルな手段は日本尊厳死協会に登録しておくことだろう。

先ほど触れた通り、一九七六年に任意団体としてスタートした「日本尊厳死協会」は、現在公益財団法人として「リビング・ウイル」の登録管理事業を行っている。

リビング・ウイルとは協会の定義を転記すると「治る見込みがなく、死期が近いときの医療についての希望をあらかじめ書面に記しておくもの」であり、会員登録すれば協会が用意した書式のリビング・ウイル（終末期医療における事前指示書）を発行してくれる。

登録はネットからできる。とはいえ、もちろんタダではない。年会費が二千円かかる。入会時に終身会員として七万円を支払うという方法もあるが、それだと三五年分の前払いということになる。五十歳で払い込めば50＋35＝85、ちょうど平均寿命あたりの年齢になる。だが、私はそこまで生きられる気があんまりしないので、一括支払いにしない方がお得っぽい。こういうセコい計算だけは得意だ。

年二千円が高いと思うか安いと思うかは人それぞれだろう。だが、私のような人間の場合、望みを確実に実行するためのコストだと考えれば高くはない。

ちょっと話がそれるが、生活のコスト高は独り者にはついてまわる悩みの種だ。古くは独身貴族なんて言葉もあったが、なかなかどうして、独身生活は基本金を余分に取られがちだ。税制面だって基礎控除しか受けられないから最高額を取られるし、万が一の時の行政支援もほとんどない。世間の風は独り者には氷点下。なのに、なぜか楽をしているように思われるんだから本当に割に合わないというか、なんというか……なんて愚痴っていてもしかたない。

とりあえず、日本尊厳死協会の公式サイトから登録してみた。

登録そのものはさほど難しくない。会員になればリビング・ウイルをすぐにダウンロードできるようになる。書類は一瞬で整うわけだ。めでたいことである。

ただ、一つだけ困ったなあと思ったことがあった。リビング・ウイルに証明者や確認者のサイン欄があったことだ。

「このリビング・ウイルは、本人が自分の自由意志に基づき、頭が至ってまともな状態で作成しましたよ」ということを二人の人間に証明してもらうことになっているのである。

なぜそれが必要かは説明するまでもあるまい。発作的に登録して後でやっぱりや〜めたとなるのは協会として迷惑この上ないだろうし、制度を悪用されるケースだって考えておかなければならないからだ。

よって、この仕組みは致し方なしとは思うものの、どうしても躊躇《ため》って《ら》しまう。

私の命に関わる決断に、他人を巻き込むことを。

そもそも、リビング・ウイルは単なる意思表示であって、法的根拠はなにもない。よって、「救命こそ我が命！　リビング・ウイルなんてクソくらえ！」みたいな医師にたまたま当たってしまえば無視される可能性もある。そして、無視したところで医師にはなんのペナルティもない（民事訴訟に発展する可能性はあるが）。

逆に、命の瀬戸際でかなり微妙な判断を迫られ、近親者の判断がなければ医師としてにっちもさっちも動けない状況が発生することもある。

というのも、医療訴訟が増えた結果、医療現場は徹底して本人及び家族の承認を取る体制を布《し》かざるを得なくなったからだ。医療の自己決定は患者のためであると同時に、医療者の自己防衛でもある。

よって、必要性は理解する。けれども、単身者としてはこれが結構厄介なのだ。だって、第三者がなかなかいないんだもの。

いや、ちょっと違うな。

たぶん、ポチポチ作戦同様、頼めばやってくれる人はいる。何人もの顔が思い浮かぶ。私は決して「ともだち百人できるかな」タイプではないがその分一騎当千、信頼して物事を任せられる人に恵まれている。人間関係に対しては少数精鋭主義なのだ。だから、私が真剣にお願いすれば、きっと引き受けてくれるだろう。

だが、人の命に関わる決断が、決断をする人間にとって相当な心理的負担となるのは繰り返し述べてきた通りだ。

私は、できる限り、そのような負担を他人に負ってほしくない。というより、「そのような負担を他人に負わせている」状況が自分自身にとって心理的負担になってしまう。

そんなわけで、私は証明者を立てない選択をした。リビング・ウイル自体は証明者のサインがなくても成立する。それに、私の場合、この本の存在こそが尊厳死を希望していることの何よりの証明になる。なんだったらお出かけの際にはいつもこの本を携えておけばいいかもしれない（皆様もぜひどうぞ！）。なにかややこしい事態に陥っても、私のリビング・ウイルは私が自分の意志に基づき、頭が至ってまともな状態で作成したと理解してもらえることだろう。

だから、これでいい。

でも、みんながみんな公表できる媒体を持っているわけではない。

あなたには、命に関わる判断を心置きなく任せられる他者がいるだろうか？

すぐに思いつかないのであれば、一度ネットでリビング・ウイルの書式を探してみて、そこに書いてある文言をじっくり読み込んでみることをお勧めする。その上でもう一度誰か頼める人がいるかを考えてみると、自分が本当に信頼しているのは誰なのかが見えてくると思う。

そして、その人に証明を頼む心理的負担に自分が耐えられるかどうかを想像すると、おのずから自分の強さ、弱さが見えてくる。

人に頼らないのは心が強いからではない。

むしろ、弱いのだ。

死を考える時、たぶん誰もが自分の中にあるこの手の弱さと向き合うことになるはずだ。これは、まああしんどい。だからこそ、人は無意識に「メメント・モリ」を避けようとするのかもしれない。

リビング・ウイルを書いた事実を公にすることで証明者の問題を避けた私は、間違いなく弱い人間である。

この弱さを抱えたまま、何度も同じような問題にぶつかるであろうこの先の人生をどのように生きていくのか。ありふれた言い回しは使いたくないが、やはり死を考えることは生を考えることなのだ。どんなに陳腐でも、それだけは間違いないようである。

【ポイント】

1. 日本にも尊厳死協会がある。
2. リビング・ウイルの書面はそこで手に入るし、ネットで検索すれば書式はゲットできる。
3. 証明してもらえる誰かがいるか。それを考えればおのずと自分が頼れる人間が見えてくる。

リビング・ウイルを活かせられるかわからない

さて、色々考えてどんよりした気分になりつつも、ひとまず今の私にできる「死に時を逃さない準備」の第一歩は踏み出せた。

次にやらなければいけないのは、私がリビング・ウイルを用意しているという事実が必要な時に必要な人へと伝わる体制づくりだ。

人がばったり倒れる場所は二つしかない。

家の中と外だ。

まず、家の中の場合。

発見者は救急車を呼ぶことだろう。呼ばないのは殺人犯ぐらいだと思う。

ということは、倒れた私を最初に引き取るのは救急隊員、ということになる。よって、まずは救急隊員の皆さんに私が尊厳死を望み、リビング・ウイルに署名していることを知ってもらわなければならないわけだが、これがなかなか難しい。

玄関にリビング・ウイルを貼っておくわけにもいかないし（いや、貼ってもいいけどもさ）、だからといって見つからないような場所にしまい込んでいては意味がない。なんのために年会費を二千円も払っているのかという話である。

そこで、よい方法を求めてネットの海を泳いでいたら、またもや素晴らしい解決方法を見つけてしまった。

冷蔵庫の中に「緊急医療情報」を入れておけばよい、というのだ。

緊急医療情報とは、その名の通り、救急時に医療側に伝えるべき情報である。本人が自分で伝えるのが無理な場合、書面でお知らせするしかない。

そこで必要な情報を紙に記入し、適当な容器に入れて冷蔵庫に保管しておき、それを知らせるマークやサインを玄関入ってすぐの目に付きやすい場所や冷蔵庫の扉に貼っておけばいい、のだそうである。そうしておけば、一朝事あった時に駆けつけてくれた救急隊員さんに高確率で情報が伝わる。

この裏技（裏でもないか？）に必要なのは、情報を記入する用紙と用紙を入れておく筒状の容器。そして、容器の保管場所がひと目でわかるように冷蔵庫や玄関に貼っておくシール類だ。どれも特別なものではないので、百均で材料を揃えれば自作可能。三百円もあれば材料は揃うだろう。救急医療情報シートはネット上でフォーマットが配布されているので、それをダウンロードして使えばよい。

また、キットを無料配布している自治体もあるので、まずは自治体名+「救急医療情報キット」で検索してみるのも一手だ。「救急医療情報キット」や「緊急医療情報キット」の名前で市販されてもいる。

私は市販のキットを購入した。送料込みで千円ほどだ。自作より高くつくが、見栄えは全然良い。いかにも緊急っぽい赤色の蓋が、ごちゃつきがちな冷蔵庫の中でも存在を主張してくれるし、「緊急医療情報キット」と書かれたロゴやマークもかっこいい。見た目重視派の私としては、玄関や冷蔵庫などいつも目に入るところに貼るのであれば洗練されたデザインを求めるのである。

なお、情報シートには名前や住所、血液型、緊急連絡先といった基本情報のほか、アレルギーや既往症の有無、普段飲んでいる薬、かかりつけ医の連絡先などを記入しておける。救急隊員の皆さんは、これがあるだけでも随分助かるのではないだろうか。私はこの筒にリビング・ウイルを同封しておいた。これで「家でバッタリ」への備えは万全である。

というわけで、次は「お出かけ先でバッタリ」への対策だ。

リビング・ウイルに関しては、尊厳死協会からクレジットカードサイズの会員証が送られてくるのでそれを常に携帯すればよい。そこで、私はスマホケースに挟んでおくことにした。財布に入れれば？　と思うかもしれないが、すっかり電子決済に軸足を移したせいで最近は外出時に財布を忘れて愉快なモンガさんになってしまうことが度々ある。一方、スマホはちょっとした散歩でも手放さないので、どこで倒れても携帯している確率が高い（なお、最近はスマホなどに直接貼り付けられる小さなシールも配布されるようになった）。

しかし、これだけでは安心できないのが私の性分だ。ここでも二の矢、三の矢を求める気持ちがふつふつと湧いてきた。

そこで二の矢として用意したのが、「臓器提供意思表示カード」だった。

日本臓器移植ネットワークには随分前から登録してある。そのカードを入れておけば「脳死したらもう結構です」の明確な意思表示になる。二重の意思表示がしてあれば、私の希望が疑われることはあるまい。

ここまでやれば十分だと思う。思うが、せっかくだからもう一つぐらいなにかないかなと探していて、またまたまたまた見つけてしまったのだ。

私が求めていたサービスを。

しかも、それはなんと待望の行政サービスだったのである！

行政サービス発見!!

見つけたのはまったく偶然だった。

横須賀市+孤独死でグーグル検索をした時に、たまたまヒットしたのだ。「わたしの終活登録」なる事業に関する報道が。

複数の新聞やネットメディアが報ずるところによると、これは横須賀市が独自に始めた制度で、行政が終活関連情報を預かってくれるのだという。

これは耳寄りではないか。

さっそく、市のホームページを見に行ったところ、こんな風に書いてあった。

近年、ご本人が倒れた場合や亡くなった場合に、せっかく書いておいた終活ノートの保管場所や、お墓の所在地さえ分からなくなる事態が起きています。本市では、こうした〝終活関連情報〟を、生前にご登録いただき、万一の時、病院・消防・警察・福祉事務所や、本人が指定した方に開示して、本人の意思の実現を支援する事業を、平成三十年五月から始めました。(横須賀市公式サイトより引用)

あら、なんて好都合。

しかも、登録は電話一本でいいそうだ。

あら、簡単。

これは利用しない手はない。

それにしても、市はなぜこのような取り組みを始めたのだろうか。

背景には、連絡先がわからないばかりに無縁仏になるしかなかった人たちを目の当たりにしてきた一人の行政マンの思いがあった。

だが、制度の説明に入る前に、まずは横須賀市とはどんな地域なのかを説明しておこうと思う。まどろっこしく感じるかもしれないが、現代日本の問題点をギュッと凝縮したような話になるので、少々お付き合い願いたい。

東京湾の西側、そして相模湾の東側ににょっきり飛び出た三浦半島。その中部に位置する神奈川県横須賀市は、大変ユニークな街である。

江戸時代まではのどかな農漁村地帯だったが、浦賀への黒船来航で状況は一変。明治以降は帝国海軍の本拠地の一つとなり、戦後も米国海軍のベースや海上自衛隊の地方隊が置かれた。つまり「基地の街」だ。

私より上、終活に興味を持つ世代ならば、横須賀といえばなんといっても山口百恵だろう。私より下の世代なら、元X JAPANのギタリスト・故hideの生まれ故郷にして聖地として認識されているかもしれない。

私なんぞはもっぱらダウン・タウン・ブギウギ・バンドのヒット曲「港のヨーコ・ヨコハマ・ヨコスカ」で街の名を知ったクチだ。リリース時、私はまだ幼児だったが（ここ重要）、歌詞の語呂の良さで地名が記憶に刻まれた。


とはいえ、大阪に生まれ育った私は、その後も長らく横浜と横須賀の区別がつかないままだった。並び称されているぐらいだから、横浜に地続き的な都会なのだろうと思い込んでいた。思い込んでいたので、初訪時にはびっくりした。

京急横須賀中央駅の駅前こそ街の姿をしているが、市街地のすぐ間際に緑の山と海が迫る特異な地勢のために、一歩外れればなかなかの田舎が広がるのだ。繁華街はごくごく狭い。しかし、買い物場所がロードサイド店か巨大郊外型スーパーしかないような地域で育てば、十分都会に見えるレベルだとは思う。

東京には電車で一時間から一時間半、横浜なら半時間から一時間ほどで出られるので、ベッドタウン化している一方、地域経済はそれなりに独立している。とはいえ、街全体が緩やかな斜陽に向かっているのは一見して明らかだ。

繁華街には米軍ベースの門前町であるどぶ板通り、小売店／飲食店集積地である下町地域、さらに昔は不良しかいかなかった米《よね》が浜《はま》（地元の人の言による）、懐かしい昭和の雰囲気が色濃く残る若松町など個性豊かなエリアがある。ただし、一つ一つは狭い。

そして、東京湾沿いは典型的なロードサイドの風景が広がる。

また、同じ市内でも相模湾に面する西部地域は葉山や逗子と一体化しており、都市近郊のオシャレなカントリーマリンリゾート感を漂わせている。それ以外の地域は昭和の住宅ブーム時に造成された新興住宅地や団地か、あとは昔ながらの農村風景のいずれかだ。あ、バブル期の夢の残滓感漂う湘南国際村もあるし、関東的企業誘致の典型として作られた街もいくつかあるな。

また、山口百恵が「横須賀ストーリー」で歌うように、「海と坂の町」でもあるのも大きな特徴だ。半島の中央部を三浦丘陵が走るため、平地が少なく、土地の起伏が激しい。勢い、街のあちらこちらに急な坂道や長い階段がある。長崎や尾道の街並みに近い。私の自宅だってどのルートを選んでも坂と階段を避けて到達することはできない。

それにしても、住み始めてようやく腑に落ちたのが「港のヨーコ・ヨコハマ・ヨコスカ」の歌詞の巧みさだった。

あの歌は横浜で娼婦をしていたヨーコが、不義理を重ねて逃亡を繰り返した末、横須賀にたどり着くというストーリーなわけだが、あの歌の「都落ち」感はまさに横須賀なのである。

ヨーコのような女は、都会でしか生きられない。けれども、掟破りをしまくれば華やかな街には居場所がなくなる。海沿いにどんどん移動していき、最後にたどり着いたどん詰まりの場所が三浦半島唯一の「都会」である横須賀なわけだ。あの短い詞に、これだけのドラマと地域性を織り込むのだから、阿木燿子さんはやっぱりすごい。

そんなわけで、昭和の頃は治安がよろしくない場所もあったらしいが、今は全体的に穏やかで、便利な都市生活を享受しながら異国情緒やカントリーライフが楽しめる暮しやすい街になっている。私なんぞはすっかりこの街が気に入ってしまって、ずっと住み続けようかと思い始めているぐらいだ。

それなのに、横須賀の高齢化率は高く、人口流出率は全国的に見てもトップクラスだという。

どうしてそんなことになるのか。

その理由は、ここまで延々と書き連ねてきた横須賀の特殊事情によるところが大きい。

高齢化は日本全体の問題だが、横須賀の場合、戦後の高度経済成長期に新興住宅地が多数造成され、そこに移住した人々が現在老齢期を迎えている。

地方都市のご多分に漏れず、子世代は東京や横浜といったより大きな都市に移り住んでおり、それが人口流出率の高さに繋がっている。体力的な問題で坂や階段の多い場所に住めなくなった老人層が、子供の近くや平地の施設などに移り住むようになった結果、どんどん人が外に流れてしまっているそうなのだ。

新興住宅地の多くは丘陵地帯に造成されているが、家までのアプローチが自動車も通れないような狭い坂道か階段のみという場所も少なくない。中には百段以上の階段を上らないと玄関にたどり着けないような家もある。このいかにも昭和的無計画な造成っぷりは呆れるばかりだし、正直「よくこんな場所の家を買うつもりになったもんだ」と思いもするのだが、そんな物件でもこぞって買うのが経済成長期の空気というものだったのだろう。

自動車で行き来できるような広い道路が通っている場所ならば、丘陵地にあってもスクラップ・アンド・ビルドが可能だ。実際、うちの近所などは最近その動きが急増、住人の入れ替わりが進んでいるわけだが、アプローチが階段しかないような場所は空き家のまま放置され、朽ちていくに任されている。

こうした高齢化と人口流出のダブルパンチは、単身世帯の増加という結果を生んだ。市の統計資料によると、現在、単身世帯は全体の三割を占めるという。さらに高齢者の単身世帯は二万に上るそうだ。また、高齢者のいる核家族は七万七千ほどだそうだが、それらはすぐにでも単身世帯に変化する層であることはいうまでもない。試算によると二〇四〇年には四割が単身世帯になるとみられている。

総人口が四十万弱の都市でこの数字は、なかなかのインパクトだ。

こうした中、横須賀市では二〇〇〇年前後を境に、単身者の死亡後、その遺骨の引き取り手がいないケースが急増した。直近では年間五十件ほどのペースが続いているという。

そう聞くと「やっぱり人と人の関係性が薄れているのねえ。親族っていっても当てにならないわねえ」と短絡的に考えてしまいがちだが、最大の元凶は携帯電話やスマホの普及らしい。

その昔、昭和から平成の初め頃まではみんなアドレス帳なんてものを持ち、そこに緊急連絡先や友人知人の電話番号を控えておいたものだった。しかし、携帯電話やスマホの普及によって情報は端末内に収められるようになった。結果として、個人情報は漏れづらくなったわけだが、それがいざとなると仇になる。

つまり、単身者が死ぬ→身元は判明する→だが親族や友人に連絡を取ろうにも連絡先が入っている端末にロックがかかっている→昔と違ってアドレス帳などのアナログな記録がない→身元はわかるけれども引き取り手がわからない、という図式に陥ってしまうらしい。また、本人はしっかり終活をして、葬式や身辺整理の生前契約を結んでいたにもかかわらず、それを誰も知らなかったがためにすべて無駄になったケースもあるそうだ。私が危惧していた事態は実際に起こっているのである。

こうした事態を目の当たりにしてきた行政の福祉担当者が作ったのが、横須賀市の「わたしの終活登録」制度だった。

成り立ちから何から、なんて私にぴったりな制度なのだろう。サービスを開始したのは二〇一八年だそうだが、私はその一年前から横須賀に住み始めたわけで、まるで私のために作ってくれたようなものではないか。情報の預かり先が行政なのはやっぱり安心できるし、連絡を受けた方も行政からの発信なら余計な警戒をせずに済むだろう。

そういうわけで、さっそく市の担当部署に連絡してみた。

すると、本当に電話一本で登録できた。

担当者も余計なことは何も聞かないし、言わない。ただ必要なことだけを丁寧に教えてくれる。対応に安心感があった。私はとりあえず喫緊の課題である緊急連絡先とリビング・ウイル及び臓器提供意思の登録情報だけを預かってもらうことにした。

数日後、市から登録内容用紙のコピーと、携帯できるカードサイズの登録証明書が送られてきた。

そして、登録用紙に記載されている項目を見て驚いた。

個人情報や緊急連絡先はもちろんのこと、遺言状やエンディングノートの保管先、さらには各種生前契約の契約先など、まさに死んだその時にわかっていないと困る情報を、完全にワンストップで登録できる仕組みになっていたのだ。おまけに墓の所在地については死後も抹消せずに取っておいてくれるらしい。

さらに開示先もかなり細かく設定できるようになっている。

大変良くできた制度だ。

横須賀市グッジョブ。

そして、登録用紙を見ていくうちに、自分が生前に何を決めておかなければならないのかも、随分クリアに見えてきた。これはエンディングノートでは得られなかった効果だ。

実は、この連載を始める前、私はエンディングノートを購入し、記入し始めていた。だが、やたらと項目が多い上、私にはあんまり関係ない情報も多く（遺産相続とか家系図とか）、結局のところ放置する結果に終わった。それに比べて、これはそもそも身寄りのない単身者を視野の中心に据えているため、無駄がない。

まさか、こんなところに「整えておくべき情報」の道しるべがあったとは。

いやはや、行政サービスといっても気後れせずに試してみるものである。

と、ここまで読んで「え～、うちの自治体はこんなサービスやってないもの。なんか読んで損した～」と思ったあなた。ちょっと待っていただきたい。

確かに、こうした取り組みをしている自治体はまだほとんどない。だが、報道によれば、この制度に関心を持っている地方自治体は複数あるらしい。つまり、今後、同様の制度があなたの住む街に創設される可能性は十分ある。もしかしたら、もう始まっているかもしれない。

だから、一度自分の住む自治体の支援情報を確認してみてほしい。

そして、もし無いようなら市民相談係のようなところに「横須賀にこういう制度があるらしいんですけど、うちでもできませんかね」とメール一本送ってみてはどうだろう。もしくは、比較的福祉関係を熱心にやっている地方議員に送ってもいいかもしれない。

動けば道は自ずと拓かれる。

動かなければ何も起こらない。

独り者が死んでいくには、行政や公的サービスをうまく利用する必要がある。

そして、残念ながら、行政や公的サービスの情報は自分が主体的に収集していかないと得られないのが実情だ。頭がしっかりしている今のうちに、行政や公的機関にアクセスする方法を学んでおいた方がよい。市民として意見を伝えるのも、そうした訓練の一環である。スルーされるのが関の山かもしれないが、それでもやってみないとわからないのだ。

雛鳥は、親から餌をもらうために全身で存在をアピールする。私たちのような独り者も、全力で世間に存在をアピールしていかないと、行政から無視され続けることになる。

幸い、横須賀市は信念を持って制度を立ち上げてくれた公務員と、それを承認する議会に恵まれた。よその自治体にだって、そういう人がいないとは限らない。特に、横須賀市と規模や事情が近い自治体ならば、望みはあるのではないかと個人的に思う。

安らかに死んでいくためには、個人的な準備はもちろん、社会の理解を得ていくことも必要だ。

これからは身寄りのない人間が一人で死んでいくケースがどんどん増えるんですよ。

ご家族がいるあなただって、どうなるかわかったものですか。

けれど、一人で死ねる制度が整っていれば、ひとまずは安心でございましょ？

そんな風に声を張り上げることも、時には必要だ。

ちょっと大きなことを言ってしまうと、最後の人口ボリュームゾーンとなった団塊ジュニア世代である私たちは、それをやるのも後の世代への責務だと思うのだ。

自分のよりよい死に際のために。

社会のみんなが安心して死んでいけるために。

できること、やらなきゃいけないことはいっぱいあるのだ。


【ポイント】

1. 「緊急医療情報」を冷蔵庫に入れておけばいざという時に意思が伝わる確率があがる。
2. 「臓器提供意思表示カード」も有効。
3. 住んでいる自治体に終活系サービスがないか探してみる。なかったら作れと迫ってみる。

連絡先がわからない

「わたしの終活登録」の登録項目を参考に、遺漏の無い完璧な「死に方計画」を作る。方針が決まった。

後は実行あるのみだ。

ざっと項目を眺めてみると「本人の基礎情報」「緊急連絡先」「医療情報」「死後の後始末情報」の四つに集約されている。そして、それぞれの情報を開示してよい範囲も指定できるようになっている。簡にして要を得た内容だ。そこで、これらに加え、複数のエンディングノートを参考にしながら「書き留めておくべき情報」をモンガミオコ用にカスタマイズした。

次の通りである。

1. 個人情報
●現住所／電話番号
●生年月日
家族構成（居住場所含め）

●本籍地
2. 緊急連絡先
●個人
●法人／団体
3. 医療情報
●血液型
●アレルギー情報
健康状態（健康診断の結果）
●かかりつけ医
通院医院情報
●服薬情報
●リビング・ウイルの保管場所
●臓器提供の意思表示
4. 死亡後の後始末情報

●エンディングノートの保管場所
●遺言書の保管場所
●生前契約している業者がある場合、業者名と連絡先
葬儀会社／遺品整理／弁護士・司法書士・行政書士／墓所
生前契約していない場合、希望の業者名と連絡先
葬儀会社／遺品整理／弁護士・司法書士・行政書士／墓所
●献体希望の場合は献体先

5. 金融情報
金融機関名と口座番号
契約しているクレジットカードの社名とカード番号
掛けている保険の種別と受取人名
株式／投資信託先
債権／負債

6. その他
自分の身の回りを始末するためのあらゆる情報

●印をつけたのは「わたしの終活登録」で預かってくれる情報。
無印は各社のエンディングノートなどを見た上で、身寄りのない、もしくは少ない独身独居人が明記しておくべきと私が判断した情報である。

書き留めておく媒体は百均で購入した二穴ルーズリーフを使うことにした。これなら書き換えが必要になっても、該当ページを交換するだけで済む。また、関連書類も一緒に保管しておける。

まめな人は自分で罫線を引いたり、パソコンで書式を自作する、もしくはネット上のエンディングノートなどのフォーマットをダウンロードして印刷してもいいと思う。その辺りはこだわり次第だろう。超デコったかわいい終活ノートもありかもしれない。ずぼらな私はただ書くだけである。

では、さっそく記入していこう。

まずは1の個人情報。ここは問題ない。現住所や本籍地などをさっさと記入する。

ところが、次でいきなり考え込んでしまった。

緊急連絡先である。

先述の通り、LINE見守りサービスには緊急連絡先として母と大家さん、そして隣町に住む友人を登録している。この三人には、別に駆け付けなくていいから警察に電話をして様子を見に行くよう頼んでくれと伝えてある。母も大家さんも居住地は遠いし、友人も仕事をしているので、そうおいそれと来てもらうわけにはいかない。私としては腐らなければそれでいいので問題ない。

ただ、この三人だと、死んだことを知ってほしい古い友人たちには伝わらない可能性がある。そこで、もうひとり、大学時代からの旧友を付け加えることにした。友人関係のハブになっている人なので、伝えるべきところに伝えてくれることだろう。

個人の連絡先は以上。あとはそれぞれ個別に「緊急連絡が入ったらやってほしいこと」をお願いしておけば万全だ。全員が私より年上、あるいは同い年なので、どこかの時点で書き換えは発生するだろうけれども、少なくとも数年はこれで大丈夫なはずである。

次は法人や団体の緊急連絡先だ。

勤め人／雇われ人であれば勤務先はすぐに連絡すべき対象に入るだろう。また、年老いて外部の介護を受けている場合は支援事業所も対象になる。よって、その二つは「緊急連絡先」に入れておくべきだろう。だが、他についてはすべて落ち着いてからの連絡で問題ないはずだ。

私の場合、法人／団体の緊急連絡先はひとつもない。

まだまだ若いので支援事業所の世話になっていないのは当たり前だが、それ以外のコミュニティやグループだって、ひとつも思いつかない。

なぜなら、私は何にも所属していない。

フリーランスであるため、いわゆる「勤め先」はない。

シフトを組んでやるような継続したボランティア活動にも参加していない。地域コミュニティにも積極的には関わっていない。趣味や習い事で関わるグループは多少あるが、緊急連絡するほどでもない。

いやはや、おっそろしくインディペンデントな人生である。

究極の社会的生物である人類の一員として、さすがにこれはどうなんだろうと思わなくもない。

もうちょっと人の輪に入ることを覚えよ？

自分に言いきかせながら「わたしの終活登録」の書面を再度確認すると、小さい文字で「所属終活グループ等」と付記されているのを見つけた。

終活グループ？

あ、そうか。これがあったか！

終活グループとは、読んで字のごとく、終活をする（したい）人々が集まるグループである。

こう書くと怪しい自殺サークルと勘違いされるかもしれないが、そうではない。

今現在、「終活」を支援すると謳う企業や団体は結構な数がある。団塊の世代が終活世代になってきているためだ。しかし、そのほとんどはあくまでサポート事業であり、お金を払うことで諸手続きを代行してくれる、もしくは法律相談などに乗ってくれる程度だ。

これらのサービスはもちろん必要ではある。だが、枝葉末節を解決するサービスに過ぎないという見方もできる。なぜなら、そのほとんどはそもそも「死後の後始末をしてくれる誰か」がいる前提でサービスが構築されているからだ。

つまり、私のような「死後の後始末をしてくれる誰か」がいない人間にはどれもこれも帯に短し襷《たすき》に長し。簡単にいうと「使えない」のである。

一方、終活グループはというと、大抵が非営利の任意団体、もしくはNPO法人として存在する。

活動内容も様々で、基本顔見知りだけがメンバーになれるお友達サークルに毛が生えたようなものもあれば、きちんと組織化しているグループもある。後者は正式に契約を交わして死後事務を請け負うケースもあり、「死後の後始末をしてくれる誰か」がいない人間の互助会として機能している。

つまり、後者なら選択肢としては「有り」なのだ。

しかし、いざそうしたグループを探そうとすると、なかなか見つからない。終活グループはその性格ゆえに、小規模かつ半クローズドサークルであることが多いからだ。勢い、ホームページなども持っていない。必要ないから。

死後処理を託すとなると、当然ながら信頼関係がなければならない。自分の望み通りに事が運んだかどうか、本人はチェックのしようがないからである。

実際、中には委託者の遺志を無視して最低限のことしかせず、浮かせた預託金をポッポナイナイするような悪質団体もあったらしい。任意団体やNPOの場合、そこにけしからぬ人間が入り込んでしまうと、チェックされづらいという弱点があるのだ。法人格を持っていれば一応決算や活動の報告義務があるが、だからといってそれが百パーセント信用できるかどうかはわからない。なにせ、大企業が粉飾決算をし、お国が公文書改竄を平気でやるご時世である。

終活グループを運営するにしても、信用できる内輪だけでごく小規模にやりましょう、という流れになるのも致し方なしなのだろう。しかし、完全にクローズドにしてしまうと、当然グループは先細りし、期待するサービスを受けるためには先に死ぬしかないチキンレースになってしまいかねない。

独り者が多くなっているわりには、終活グループがさほど目立たないのは、そういう事情があるようだ。

しかし、確実に増えつつあるのは間違いない。

実は、この連載を始めてすぐの頃、知人から、ご自身が加入していらっしゃる終活グループの会合に来てみないかと声をかけていただいた。

その団体はまさに「死後の後始末をしてくれる誰か」がいない人間の互助会を目指すものだった。今後、活動の幅を広げていく予定ということだが、発足メンバーは全員が以前から付き合いのあるメンバーだという。

やっぱり、そういうことだ。

安心して死後事務を任せられる終活グループに入りたければ、そんな年齢になる前からそれなりの人間関係を構築しておかなければならないのだ。

そして、今の私には、それが、ない。

……あかんやん。

「これがあったか！」と喜び勇んだのに、完璧にぬか喜びだった。

高齢者支援事業は基本六五歳にならないと相手にしてもらえない。まだかなり先の話だ。その時になって、はじめて「所属しているコミュニティ、グループ、支援事業所」の欄を埋めるのか、それともその前に何らかのコミュニティやグループに入る、もしくは作れるように模索して、早期に項目の記入完了を目指すべきか。

考え始めた途端、私の中にいる二人の人間が、激しく議論を始めた。

一人は理性的かつ事務的に考える私。

もう一人は人見知りかつ怠惰な私。

理性的かつ事務的に考える私、仮に理央子としておこう。

理央子の言い分はこうだ。

「死後事務の委託だけなら死後事務委任契約を請け負っている法律事務所や司法書士事務所などに任せればいいが、かなりの金額がかかる。しかも、委託先がちゃんとやってくれるかどうかも不安だ。悪質な業者もいるらしい。不慮の出来事がない限り、死ぬまでにはまだ時間の余裕があるのだから、自分で信頼できる終活グループを探すなり、作るなりして、より安心できる（そして安価な）体制構築を模索すべきである」

なるほど、ごもっともである。ごもっともなのだが、人見知りかつ怠惰な私、怠央子がたちまちこう反論する。

「自分で信頼できる終活グループを探すなり、作るなりっていうけど、そんな簡単な話じゃないでしょ。だいたい今までまともな人間関係を作れなかったくせに、目的ができたからってたちまち動けるとは思わないし、それになんだか不純っぽくない？　お金で解決するなら、それが一番楽でいいじゃん。人間関係の構築に使う労力を仕事に費やした方が、理性的ってものじゃないの？」

ああ、あなたはそういう人ですよね。天秤座のくせに人付き合い、苦手だもんね。新しい人間関係の構築なんてめんどくさいこと、絶対嫌よね。

しかし、ここで突然、勘定場の金央子がバンッと机を叩いて立ち上がった。

「死後事務委任契約を結ぶには一体どれだけのお金がかかると思っているんですか！　預託金を含めると最低でも二百万は必要ですよ！　軽く考えないでください！」

ほれ見ろ、と言わんばかりの視線を怠央子に送る理央子。だが、怠央子も負けてはいない。

「そんなこと言ったって、じゃあどうやってグループを作れるぐらいの人数をこれから開拓するっていうのよ。何をどうやってどこから始めればいいの？　答えられる？　答えられないでしょう？」

グッと詰まる理央子と金央子。だからといって、怠央子から出てくる金策は「宝くじでも当たらないかなあ」が関の山だ。なにせ、怠惰だから。

結局、脳内会議は解決策が出ないまま解散となり、項目欄は空白のままになった。

ここまで私としては比較的トントン拍子に死に方探しの旅を続けてこられたのだが、やはり越えがたい関所はあったようだ。しかし、その越えがたさもまた、前々から述べているように私の人間的な弱さに起因している。

仕事上、あるいはプライベートでも表面的な付き合いなら、ある程度の気力を消費するものの、なんとかこなすことはできる。しかし、それ以上となると、難しい。

唯一の例外は若い頃にできた友人だが、でも彼らとて今ではほとんどが家族持ちであり、それぞれがそれぞれの場所で独自の人間関係を構築している。そこに「古い友人」であるという資格だけで入り込んでいけるほどの厚かましさは私にはない。なお、緊急連絡先として登録した旧友は私と同じ独身者だ。ただし、私と違って身近な親族がたくさんいる。彼女の場合は誰も面倒を見てくれないなんてことは起きないだろう。

自分の死について色々と考えていくにつれ、単身者の死は公私にわたる人的ネットワークがなければ成り立たないという厳然たる事実がわかってきた。それがわかっただけでも収穫と考え、とりあえず法人／団体項目は空白のまま放置することにして、次に進むことにした。最悪、六五歳以上になって介護施設と繋がれば片付く問題である。今はできることを先にしてしまおう。

【ポイント】

1. エンディングノートに書くべき内容は事前に精査しておこう。
2. 緊急連絡先をピックアップしていく過程で、おのずと社会での我が立ち位置が見えてくる。結構、気が重い。
3. ただ死ぬだけでも人的ネットワークは不可欠である。

かかりつけ医がわからない

さて、次は医療情報だ。

- 血液型
- アレルギー情報
  健康状態（健康診断の結果）
- かかりつけ医
  通院医院情報
- 服薬情報
- リビング・ウイルの保管場所
- 臓器提供の意思表示

血液型はＲｈ＋のＡ型。血液型占いによるとＡ型はまじめで几帳面、責任感が強く面倒見がよいそうである。

全然当たってない。

次。

アレルギー情報。アレルギーの有無に関しては、事実をそのまま書き込めばよいので特に問題はないだろう。

ちなみに、私は何のアレルギーもない。数年前、ひどい鼻炎に悩まされたので、何かのアレルギーではないかと徹底的に調べてもらった。その結果、「珍しいぐらい何もありません」とのことだった。だからといって万々歳ではなく、鼻炎の原因は自律神経失調症で、これはもう治しようがありませんと明言された。お医者さんって、原因がはっきりしない時はとりあえず自律神経失調症って言っとけばいいと思ってない？　と疑ったりしないでもないのだが、それはさておき。アレルギーのみならず、食事や薬品の制約も皆無なので、すべて「なし」と記入する。

なお、特記しておくべきアレルギーや食事／薬品の制約がある場合は、万が一に備えて財布の中にメモを入れておくなりしておくと良さそうだ。冷蔵庫の緊急医療情報にももちろん書いておかねばならない。これほど医療的緊急時に必要になる情報はない。プライバシーにも関わる問題ゆえ広く公表するわけにもいかないだろうが、必要な時に必要な人がすぐアクセスできる状態でないと大変なことになりかねない。

健康状態は主に持病を書く欄なので、健康優良児であればスルーでよいわけだが、年を取るとどうやらそうもいかないらしい。私も一昨年気まぐれで受けた脳ドックで極小ではあるが脳内に動脈瘤が見つかった。今すぐ破裂するようなものではないので、今のところは経過観察だけで済んでいる。だから、わざわざ書くほどでもないが、空白のままもなんだか愛想がないので一応書いておいた。

ただ、いずれ書き直しが必要になるだろう。今のところ全く気配はないのだが、さほど遠くない未来になんらかの生活習慣病を発症し、食事制限や服薬が必要になる可能性は十分あるからだ。

人は年を取れば取るほど弱っていく。自然が想定していた人体の耐用年数がほぼ五十年である以上、半世紀も生きれば全体的にポンコツ化していくのは摂理なわけで、これは何人たりとも免れ得ないのだろう。

そう考えると、「生活習慣病」より、かつての呼び名「成人病」の方が、病の特質を表す言葉としては適しているのではないか。いやさ、いっそのこと「老化病」とした方がいいのでは？　そもそも、なぜわざわざ「生活習慣病」なる少々据わりの悪い名称に変えたのだろう。

気になったので調べてみると、二〇一九年度版の『現代用語の基礎知識』に答えがあった。

日本では長年、がん、脳血管障害、心臓疾患など、40歳以上の成人がかかりがちな病

気を総称して「成人病」と呼んでいた。前記の3大成人病だけでなく、高血圧症、慢性気管支炎、肺気腫、脂肪肝、肝硬変、糖尿病、変形性関節症、白内障、老人性難聴なども含まれる。公的に用いられたのは1957年。

96年12月、これら成人病の多くが、各個人の生活習慣に深い関係があることから、公衆衛生審議会は生活習慣病という概念を導入し、より能動的な予防に取り組もうと提案した。「食習慣、運動習慣、休養、喫煙、飲酒等の生活習慣が、その発症、進行に関与する疾患群」と定義された。早期発見・早期治療という二次予防からさらに踏み込み、健康的な生活習慣によって病気の発生を未然に防ぐ一次予防を重視するねらいがある。

なるほど、国民に自覚を促すために改変したのか。

発病に生活上の悪習慣が強く関与する病気があるのは間違いのない事実だ。脂肪肝、肝硬変、2型糖尿病あたりが生活習慣次第、ってことなんぞ、感覚的にも納得できる。

私の視野に入っただけでも、肝臓の慢性疾患で亡くなった人たちはひどい飲酒習慣の持ち主だった。喫煙も、元喫煙者として、確かに体によくはない実感がある。止めてからすでに二十年近く経つが、いまだに喉の調子があまりよくない。たぶん後遺症と思われる。食習慣に関しても、栄養の偏りは確実に体の異常を呼ぶ。

だから、「生活習慣病という概念を導入し、より能動的な予防に取り組もう」という目的は理解できる。

だが、使い始めから四半世紀ほど経った今、この言葉もちょっと独り歩き気味なんじゃないかと思わないでもない。というのも、「正しい生活習慣さえ保っていれば、病気にならない」みたいな思い込みが、世の中に蔓延《まんえん》しているような気がするからだ。そのせいで病気になった時に過剰に自分を責めたり、あるいは自己責任と突き放したりする人が増えているように感じる。

そもそも、正しい生活習慣を実践していようがいまいが、病気になるときはなる。特に遺伝子のコピーミスが原因で発生する癌は、男性の三人に二人、女性の二人に一人が生涯に一度は発症するという。この割合だと、生活習慣云々関係なく、罹るべくして罹るというしかない。

何を食べればいいだの悪いだの、発癌性物質がどうだの、世の中にはいろんな情報が飛び交っている。しかし、癌の発症との相関が明確なのは喫煙と飲酒とウイルス感染だけなのだそうだ。その他は、科学的に立証されているとまではいえない。「相関があるかもしれない」「あるんじゃないかな」「あったらいいな」のレベルらしい。

そんなのにいちいち付き合ってはいられないし、付き合う必要もないと個人的には考えている。よほど破滅型の生活を送っているのならともかく、普通に暮らしている限り、細々と気にして一喜一憂するほうが健康によくないだろう。

けれども、若い頃のような無頓着が通用しないのも事実なのは積極的に自覚した方がいい。「まだまだ若い」は体には通用しない。私自身、齢を重ねれば重ねるほど心身のメンテナンスにお金も手間暇もかかるようになってきている。

現在は至って健康だ。だが、数年前に入院して手術をした折には、ものの五日で退院できる程度の軽い手術だったにもかかわらず、驚くほど体力が落ち、丸一ヶ月は元に戻らなかった。正直、これほど回復しないものかと驚いた。

体にメスを入れたのはあれが生涯で二度目だった。

一度目は中学三年生の時。慢性虫垂炎の手術だ。

入院日数はほぼ同じだったのだが、当時は体力の衰えなんぞ微塵《みじん》も感じなかった。歩いてよしの許可が出た途端、病棟内を散歩しまくるものだから看護師さんに叱られたほどである。病院食もまったく足りず、家族親族が日替わりで持ってきてくれる差し入れをバクバク食べ、「こんなによく食べる入院患者も珍しいな」と主治医に呆れられた。

そういえば、まだ流動食だったタイミングで、空腹に耐えかねてこっそり売店で大福を買って食べた記憶がある。粒餡なんて絶対駄目でしょって話なのだが、特段異常も来《きた》さず、おかげでバレずにすんだ。アホな中学生の美央子ちゃんは手術をしてもとっても元気だったのだ。

それから三十年以上経ったアラフィフの美央子女史、許可が出てから病棟の散歩を試みたのは同じだったが、今回はすぐに体が音《ね》を上げた。早々にベッドに戻り、枕を涙で濡らした。食事も出てくるものだけで十分だった。衰えたものである。

だが、これも序の口なのだろう。これからもっと衰えて、どんどん体力が戻らなくなっていくのだ。今年なんて初めて年間医療費が十万円を突破するかもしれない。実に苦々しい。だが、長患いや寝たきりになりたくなければ、ある程度は自己管理をしていかなければならない。

体よ、なんでお前はそうも年月に弱いのか。

もっと抗《あらが》えないのか。

嗚呼《ああ》、加齢の馬鹿。

……単なる愚痴になってきたので、話を戻そう。

どうしていきなり数年前の手術の話を始めたかと言うと、「人間、必ず弱って死にますから」という話をしたいのもあったのだが、それとは別に、入院前後の経験から、健康診断の大切さと第四項に書き込むべしとされている「かかりつけ医」について、ちょっとした知見を得たからである。

手術に至るまでの経緯はこうだった。

婦人科系の不具合は三十代に入った頃から続いていた。しかし、生活に差し障るようになったのは四十代に入ってからだ。下手をすれば月の半分が体調不良という事態になって、さすがにこれはまずかろうと思った。そこで、国民健康保険の健康診断を受ける際、婦人科系の診査を追加してみたわけである。健診は総合病院に付属する健康管理センターで受けた。

診査には、機器での検査の他、医師による問診が付いていた。そこで先生に症状を説明し、どれだけ困っているかを話したところ、「これは放置しておけないね」とその場で親病院での診察予約を取ってくれた。おかげで早々の受診が可能となり、最終的に手術が決まったのである。手術は設備の整った大学病院ですることになったのだが、病院間の連携もスムーズだった。

そして、術後は長年苦しんでいた慢性的な貧血が解消し、私のＱＯＬは劇的に改善した。

ここから、私は二つの教訓を得た。

一つは、死病ではなかったとしても、ＱＯＬを下げる症状はとっとと退治したほうがいい、ということ。

もう一つは、可能であるならば健康診断は個人医院ではなく、総合病院で受けたほうがいい、ということだ。

ただし、これだと国策の真逆をいくことになるが。

今現在、日本では国をあげて「かかりつけ医」制度の普及を推し進めている。たぶん、ポスターなどで言葉自体は見たことがあるのではないだろうか。

医師会のホームページによると「『健康に関することを何でも相談でき、必要な時は専門の医療機関を紹介してくれる身近にいて頼りになる医師のこと』をかかりつけ医と呼んでいます」だそうで、要するに近所に「いつも通う頼りになる医院」を作っておきましょう、と旗を振っているのだ。

この制度が始まった背景には、またもや高齢化問題がある。

日本の老人はとかく〝おおげさな治療〟を好む。ちょっとした風邪でも病院に行って、薬は言わずもがな、必要のない検査や治療を受けたがる。たくさん検査をしたり薬を出してくれる医者が「いい医者」だし、立派な大病院に通うのが一種のステータスになる。「ちょっと何を言っているかわからない」と思うかもしれないが、本当に「ステータス」になるそうである。要するに、町医者に通うより、大学病院や総合病院にかかっている人の方が位が上なのだそうな。人間、何にでもヒエラルキーを持ち込めるものだと感心したものだが、その結果、医療の効率化が阻害され、医療費が増大する負の影響が看過できなくなった。

そこを是正するため、軽い病気は診療所などの小規模な医院で済ませ、高度治療を必要とするケースのみを大きな総合病院に繋ぐことで、適正な医療を保とうとするのが

「かかりつけ医」制度の骨子である。〝地域医療のダム〟となるべく期待されていると理解していいだろう。

そんなわけだから、山井養仙《やまいようせん》では務まらない。医師会によると「何でも相談できるうえ、最新の医療情報を熟知して、必要な時には専門医、専門医療機関を紹介でき、身近で頼りになる地域医療、保健、福祉を担う総合的な能力を有する医師」のみがかかりつけ医を名乗れるらしい。

「おお、そうか。確かに健康に関することを何でも相談できて、最新医療にも詳しい近所の医者と繋がっていると心強いな。よっしゃ、私も一発探しておくか」

なんでも真に受ける私は、心安く診察を受けられる近所の開業医を探し始めた。

そして、撃沈した。

「かかりつけ医」探しの難しさを実感したのである。

私は基本的には健康体なのだが、長年胃腸の不調に悩まされているのも嘘ではない。サラリーマン時代に発症した過敏性腸症候群は完治しないまま来ている。また、胃弱体質で胸焼けや胃もたれをよく起こす。

そこで、かかりつけ医になってもらうなら胃腸科の専門医がよろしかろうと考え、地域の総合病院が出している「かかりつけ医」リストをチェックし、最寄りの胃腸科医院に行ってみた。

そして、「何でも相談できる」の言葉を信じて、胃弱と腸の不調で悩んでいるのを切々と訴えてみた結果が、「なんか症状が色々ですね」の返事ひとつだった。しかも、微妙に揶揄《やゆ》する感じで。軽く上がった口の端が「はいはい、また不定愁訴系ね。どうせ気のもんだろうけどね」と語っていた。いや、本当にそう思っていたかどうかはエスパーでもない我が身には定かではないが、少なくとも眼前の相手にそうと感じさせる態度だった。

こりゃ駄目だ、である。

医師が患者の話をいちいち真面目に聞いていられない気分になるのはわからないでもない。だが、せめて初診の時ぐらいは耳を傾けてくれたっていいではないか。少なくとも「何でも相談できるかかりつけ医」の看板を背負っているのなら。

あくまで私の狭い観測範囲内での経験談、つまり例外はいくらでもありますと注意書きした上での話だが、「患者の話を聞かない医師」は総合病院より町医者の医師に多い気がする。

実は、先述した婦人科系の病気の時も、最初は町場の産婦人科医院に行ったのだ。しかし、担当の若い男性医師は触診すらしようとせず、不機嫌そうに「それ、別に様子見でいいですから」の一言で終わらせた。冗談じゃないと頭に来たが、彼に何を言っても無駄だろうとも思ったので、そのまま引き下がった。

ところが、健診で問診してくれた医師にこの経緯を話すと、「いや、これだけ症状がはっきりと出ていて経過観察なんてありえないよ。その医者、何を考えているんだ」と私以上に怒ってくれ、前述の流れになった。転院し、施術を受けた病院は大学病院だったが、こちらの先生も実に丁寧に対応してくれた。「これだけひどくなっていたらそりゃ生活にも差し障りますよ。大変だったでしょう」のひと言がどれほどありがたかったか。

こういう先生たちこそが、医師会やらお国の目指す「かかりつけ医」ではないのか。だから、よい開業医がいなければ、総合病院で健診を受けて医師と繋がり、問題があればそれを取っ掛かりに診察を受けた方が時間の節約になる。何より、不快な思いをしなくてすむ。

もちろん、信頼できる町医者だっている。

だが、町医者をかかりつけ医とするのは、術後の管理や慢性疾患の経過観察など、目的がはっきりしてからの方がいいように感じる。繰り返すが、あくまで私の個人的な話である。全く正反対の経験をした人もいるに違いない。たまたま私の町医者運が悪かっただけかもしれない。

だが、よほどでないと医者には行かない私のようなタイプは、大きな病院で国保健診を受け、気になっていることがあれば該当する検査を自費で受診し、その担当医師に相談してみるのが一番のように思う。会社勤めをしている人は産業医がいる場合が多いので、その人に相談すればいい。産業医は総じて親切だと聞いている。

死に方を考える上で、医療とどう関わっていくのかという問題は忽《ゆるが》せにはできない。私が理想とする死を迎えるためには、QOLを下げる慢性疾患や病臥が長くなるタイプの病に罹る、つまりかかりつけ医が必要となる事態は可能な限り避けたい。そのためには、一年に一度ぐらいはしっかりと検査して、病の種を早いうちに潰しておく方針は正しいはずだ。

医療との適切な関わり方がわからない

だが、もう一つ考えておくべきことがある。

万が一、検査で死病の種が見つかった時、これを治療するのか、それともその病気で死ぬ方向で進むのか、という問題だ。

あっさり死にたいと言いつつ、体調が悪くなれば病院に行くし、急病であれば救急車を呼んでしまうかもしれない。そこで治療を受けた結果、死ねなくなったらどうすればいいのか。

そもそも、うまく死んでいくのに適切な医療の「使い方」とはどんなだろう?

うまく死ぬとはつまり、苦痛はできる限り少なく、人の世話になる期間も最小限に抑えること、なのだが、ここまで見てきたように下手に救命されたらどちらも叶わなくなるかもしれない。

かといって病院に行かなければ死に時に死ねるかもしれないが、ものすごい苦痛を伴うことになるかもしれない。それはそれで嫌だ。むしろ、死そのものより、死に至る苦痛の方がよっぽど怖い。

どうすればいいのだろう?

……わかんないな。わかんないなら、とりあえず詳しい人に聞いてみよう。

軽いノリで、日本海側にある小都市で開業医をしている旧友のFさんに話を聞きに行ったのは二〇二〇年一月のことだった。新型コロナウイルスによる疫疾災が日本に及ぶ、ほんの少し前のことである。あの時期、武漢の惨状はすでに報道されていたが、まだ対岸の火事だった。今思うと、取材旅行するにはギリギリのタイミングだったのだ。

さて。

長らく大学病院に勤務していたFさんが内科系医院を開業したのは今から数年前のこと。

彼女は中学時代からすでに医師を目指して猛勉強をしていた。そして、夢を叶えた。

年相応に華やかな職業への憧れは持ちつつ、内心では「会社に就職して数年働いて結婚退職して子育てするんだろうな」といわゆる〝世間並みの人生〟しかイメージできていなかった私に比べると人間としての出来が違う。まさに畏友というべき存在である。友に取材するのはなんだか気恥ずかしいものがあるが、気張らずぶっちゃけ話もできるだろう。こんなテーマを訊く相手としては理想的だ。

事情をメールで説明し、アポのお願いをしたら、あっさりＯＫしてくれた。多忙だろうに、まことありがたいことである。

取材は彼女のクリニックで行うことになった。

ロードサイドにある平屋建ての建物は、外装からしてあたたかで親しみやすい印象のカラーリングでまとめられていた。地域性を反映し、複数台停められる駐車場も完備されている。待合室は広く、明るく、清潔で居心地がいい。昭和の町医者とはずいぶんと違う。医療を巡る環境の変化がそのまま反映されているのだろう。今や、医者もサービス業だ。

事実、私が訪問した日も、土曜日の夕刻でとっくに診療時間は終わっていたにもかかわらず、「今から行くから診て欲しい」と電話をかけてきた患者がいた。私の感覚では図々しいことこの上なし、なのだが、Ｆさんは快く応じていた。医師には応召義務があるから、と事も無げに言っていたが、居留守を使おうと思えば使えるはずだ。電話に出なければ「応召」されたことにはならないのだから。だが、もしかしたら命にかかわる緊急事態かもしれない。だから、出ないわけにはいかない、そうである。この時の電話の主が訴えたのは単なる発熱だったが、高齢者でインフルエンザの疑いがあるということで、Ｆさんは来院を促し、診察した。

地域医療を支える地の塩としての医師の姿が、そこにあった。

つい先ほど町医者への不満をぶーぶー述べたばかりだが、こんな人だっているのだ。地域に彼女のような人が一人いるだけで、どれほど安心できることか。なんならうちの近所に引っ越して開業してほしい。

本当は彼女の名前と医院名を出して、皆さんに「とてもいいお医者さんですよ！」と声を大にしてお勧めしたいところだが、これ以上忙しくなっては彼女が過労死しかねないので、控えることにした。ちょっとヒアリングしただけでも、その日常は多忙を極めていたので。

そんな忙しい人の手を煩わせた上で、放った質問が「スムーズに死ぬためには何をしておけばいい？」なのだから、よく追い出されなかったものだと思う。Ｆさん、優しい。

「そうね……。まずは自分がどうしたいか、明確に書面で残しておくことが大事だと思うよ。書面と言ってもいつ誰が書いたのかわからないようなメモ書きでは駄目。もっとも望ましいのは公的証書にしておくことかな」

現代の医療でもっとも重視されるのは患者本人の意志だと彼女は言う。

「昔と違って、本人の意向を無視してでも延命、みたいな治療をする医師はほとんどいないと思う。終末期医療に対する社会の意識がずいぶんと変わってきているからね」

だが、もう一つ「意志の確認」が重要な意味を持つ理由がある。

増え続ける医療訴訟への、医療側のリスクヘッジだ。

医療に百パーセントの安全はない。それでも、現場の医療者はできる限り百パーセントに近づけようと努力している。だが、防ぎようのない不幸な事故はどうしても発生する。もちろん、とんでもないケアレスミスで起こることもあるが、その場合、まともな病院であれば情報をきちんと開示し、誠実な対応をするはずだ。良心の問題もあるが、不誠実な態度によって訴訟に発展してしまえば、その方が病院にとってはリスクが大きいからだ。

「でもね、どれだけ真摯《しんし》に対応しても訴訟になってしまう場合ってあるのよ。だから、病院側も可能な限り自己防衛しなきゃいけない。やたらと同意書を取るのはそのためだね」

最近、いわゆる「クレーマー」が世の中のあちらこちらを目詰まりさせているが、残念ながら医療現場はその最たるものになっている。ちょっとでもミスや手違いがあると、鬼の首を取ったかのように理不尽な要求を突きつける患者が後を絶たないのだ。

私も過去、サービス業で働いたことがあるのでよくわかるのだが、世の中、相手の些細なミスにつけ込む人間は想像以上に多い。「無理が通れば道理が引っ込む」を何度目撃したことか。

時々、本気で思う。理不尽なクレーマーを「社会をギスギスさせ、あらゆるシステムを面倒でややこしいものにしている元凶」として告発できないものかと。社会全体がクレーマー対策に費やしている時間と労力を思えば、彼らは十分罪に問われるに値すると思うのだが。

閑話休題。

本人の意志が明確でない場合、医療者は全力で患者を「生かす」方向に走り出す。医師が独断でそれ以外の道を選択することはない。「患者を死なせる」ことが最大のリスクだからだ。

もし、処置後に延命拒否の意志が確認されたことで患者側と揉めたとしても、何もせずに死なせてしまったことが明るみに出ることに比べたら、社会的リスクは遥かに小さい。少なくとも「人の命を救う」ことが第一義である医療現場において、患者の意志が明確でなければ、命は無条件に救うべきものなのである。

つまり、もし「延命拒否」を選択肢に入れておきたいのであれば、事前に意思表明しておくしかない、というわけだ。それさえあれば、医療者は訴訟の心配をすることなく、患者の意志に沿うことができる。

「リビング・ウイルやエンディングノートに書いておくのももちろんいいとは思うけど、やっぱり公的証書が一番。それだと、裁判になっても揺るぎない証拠になるから、医師も安心して患者さんの思いを尊重することができるでしょ」

一人で死んでいくならともかく、医師という第三者に関わってもらう以上は、その人たちの負担や不利益にならないように万事整えておく必要があるわけだ。ますます死にづらい世の中である。

しかも、準備はできるだけ、いわゆる後期高齢者になる前にやっておいたほうがいいとFさんは言う。

「どれだけしっかりしているように見えても、やっぱり後期高齢者と呼ばれる年代になると怪しいところが出てくる。これはもうどうしようもないよね。本人の気質や生活態度などによって個人差はあるけど、七十代に入ると誰でも認知に問題が出てくるし、病気も増える。三大疾病は当たり前に起こると思って、そのための心構えはしておかないと」

そうなんだよなあ。絶対病気にはなるんだよなあ。

「そう。だからこそ、自分はどんな病気にかかりやすいのかを理解しておくのは大切だと思う。頭がしっかりしているうちに認識して、備えてさえいれば、いざという時にも必要以上に動揺せずに済むしね。そのためには健診を受けて、異常値が出たらできるだけ軽いうちに治しておく。たとえば癌だって、早期に発見できれば日帰り手術で済む場合もある。それだったら立会人を立てる必要もないでしょう？　早期発見早期治療は、患者にとっても医療者にとっても負担が少ない、最善の道なわけよ。リスクが大きくならないうちに、芽を潰す。何事も回避が一番」

おお、私の方針は間違っていなかった。えらいぞ、私。

結局、この日の取材は件《くだん》の急患によって予定より短くなってしまったのだが、取材終了後、御礼を兼ねて食事に行った店ではもっとざっくばらんな話をした。

そんな中、やっぱり出てきたトピックがあった。

人間関係が大事、という〝いつものあれ〟である。

「やっぱりある程度は頼り、頼れる人間関係を保持しておくことは大事かな。本人は無頓着でも、家族が異状に気づいて病院に連れてくるケースが結構多いからね。たとえ家族がいなくても、友達がその代わりになるし。とにかく、なんらかの繋がりを保っていれば、高齢者の独居も問題ないと思うよ」

やっぱりそこか……。

目をつぶっても耳をふさいでも出てくる「人間関係」。

毎日高齢者を相手にしている人が言うんだもの。確実に重要なポイントなのだ。

過去、Fさんの患者にも天涯孤独の人がいたという。親族はもちろん、友人もほとんどいなかった。そんな人が病気になり、さらに認知機能にも問題が出てきた。当然働けるはずもなく、生活保護を受けることになったが、すでに介護保険制度の対象となる年齢だったので、役所の計らいで地域包括支援センターと即座に繋がり、身の回りの世話をするヘルパーもついたそうだ。一見モデルケースのような顛末だが、やはり三六五日二十四時間のケアは不可能だ。エアポケットのようにポッカリと発生する「公的ケア不全時間帯」。そのしわ寄せをまともに被ったのが、訪問医療を引き受けていたFさんだったという。

「日曜日に具合が悪いって電話がかかってきたから往診に行ったのね。それで、診察して、処方箋も書いたけど、ヘルパーさんが月曜にならないと来ないから薬を取りに行けないって。結局、私が行くしかなかった。あと、排泄のお手伝いなんかもしたよ。する人がいないなら、やるしかないよね」

医師である彼女は、排泄介助や薬の代理購入などをする義務はない。だが、ヘルパーは決められた日にしか来ないし、土日になれば支援センターはストップする。

「そんな状態で、目の前に困っている人がいて、ほっとくわけにはいかないでしょう」

それはまあそうだろうけど。診察以外の行為は完全にボランティアだ。責任感が強く、優しい彼女だからやれたのであって、これは決して「医者として当たり前」の行為ではない。Fさんには脱帽するばかりである。

同時に、この話は私に「身近に介護者がいない現実」をまざまざと思い知らせた。

もし、私がこの患者さんと同じような状況に陥ったとしたら。

そして、Fさんのような医師と出会えなかったら。

詰む。

どう考えても詰む。

やっぱり、今のままでは私は「介護が必要な状態」に陥ると、望まない生活を送る羽目になる。

それは嫌だ。

嫌ならば、「介護が必要な状態」になっても快適に過ごせる体制を作っておくか、「介護が必要な状態」になる前に死ぬかしかない。

いや、もう一つある。

そのどちらになっても大丈夫なように用意しておくことだ。

では、両方準備するには何が必要か。

それは自分にとっての「死に時」はいつなのかを、明確にしておくことだ。リミットを設定すれば、タイムラインを計画しやすくなる。

よし、ではまず自分の死に時を決めよう。

自己決定がわからない

決めると決めたものの、今はまだ死に時ではない。

なぜなら、母が元気で存命しているから。

よほどのことがない限り、彼女をあの世に見送るのは私の義務だろう。

母が平均寿命ぐらいまでは生きると仮定したら、少なくともあと十五年ほどは死より生を優先して生きていかなければならない。心身ともに健康でいられるように生活を管理し、きちんと健診を受け、病気の芽はこまめに摘んでおく。当初方針通りで間違いない。医療とは健全なお付き合いをしていくことになるだろう。

その上で、母が死んだらどうするか。

私をこの世に縛り付けておく「他者への義務」は一切なくなる。言い換えれば、いつ死んでもよくなる。母が九十歳を前にあの世に行ったとして、その頃の私は六十代後半から七十代前半になっている。

もし、その段階で死に至る病気が見つかったら。

見つかった病気で従容として死んでいくべく、根治は目指さず、苦痛があれば緩和ケアに専念し、万が一の救命も拒否する。それができれば、私が憂いている「介護が必要な状態」は最小限で抑えられるはずである。

だが、いざそうなった時、私は本当に「そのまま死んでいく」道を選ぶことができるのだろうか。

まだ五十歳を過ぎたばかりの今の私は、七十前後まで生きたらもう十分と思っている。欲を言い出せばキリはないが、少なくともここまでの人生にやり残しはない。残りの人生がオマケとまでは言わないが、何が何でも長生きしなければ気がすまないわけでないのも確かだ。

今は、脳内でいくらシミュレーションしても「生に執着する理由は特にない」という結論しか出てこない。だから、死に時は「母が死んだ後、最初に死病が見つかった時、もしくは死に至る事故や事件に遭遇した時」と決めることができる。

しかし、いざ死が切迫してきたら、こんなにフラットな気持ちで「死」に相対できるのだろうか。本当に命が惜しくならないのだろうか。

これぱっかりはその時に至らなければわからない。

もう一つ、不安要素がある。

認知機能が著しく低下し、これまで考えてきたことを全て忘れてしまったら。

そして、生物のプリミティブな反応のまま、ただ生きたいと願ったら。

この場合、認知機能がまともだった頃の私の意志が優先されるべきなのか、まさに死に直面している「認知が危うい私」の意志が尊重されるべきなのか。

「過去の私」は「死を目前にした私」の意思決定代理人たる資格があるのか。

いろいろと思いを巡らせた末にこの問題にたどり着いた瞬間、私はまたまた立ち往生した。

自己決定権について曖昧な認識しかなかったことに、今更ながら気がついたのである。

いったいいつの「自己」が下した決定に私は従うべきなのか。そもそも、決定した「自己」と決定された「自己」は同じ「自己」なのか。

あ、あかん。これ、ややこしいやつや。

避けねばやばい、泥沼だと思ったが、気がついてしまった以上、逃げることはできなかった。

深みが手招きしている。

「アビダルマ」が提灯《ちょうちん》を振って待っている。

アビダルマってなんだ？　ですか？

はい、ご説明いたします。

本書は実用書のつもりで書いているので、あまり死生観とか宗教／哲学の問題には触れるつもりはない。

でも、やっぱり私自身が「死」そして「生」をどう捉えているのか、ある程度はっきりさせておくべきだろう。「死をどう捉えているか」をスルーしては、実のある内容にできないからだ。

まず、私の死生観の枠組みは仏教で出来ている。

とはいえ、特定の宗派を信仰しているわけではない。へっぽこ我流で独学した、釈迦仏教から唯識と呼ばれる教えあたりまでの、古い古い仏教がベースになっている。

仏教に古いも新しいもなかろうと思われるかもしれないが、釈迦が創始したオリジナル仏教と日本の鎌倉時代に興った新仏教の間にはおよそ二千年の隔たりがある。それほどの長期間、国を越えて何万、何億もの人々が伝言ゲームを営々と続けた結果、どんどん原型からずれた仏教が誕生した。宗派の中には釈迦の説とはまるっきり反対に見える教えを説いているものすらあるのだ。オリジナル仏教と時空が離れれば離れるほど、その傾向が強い。

なのに、なぜ「仏教」というカテゴリーが破綻しないのかというと、どんな教えであれ、根本に「一切皆苦」「諸行無常」「諸法無我」の思想があり、かつ「苦からの解放」を最大の目的にしているからである。

一切皆苦とは、人生のすべては苦である、という事実。

諸行無常とは、どのような現象も行為もすべて変遷するものであり、変わらないものは何一つない、という認識。

諸法無我とは、あらゆる存在や現象に実体はない、という観念。

あ～、そういう四文字熟語聞くだけで抹香臭え、と思いました？

まあ、もう少しだけお付き合いくださいませ。

釈迦は、死や病や老いはもちろん、生もまた「苦」だという。

なぜなら、生まれてこなければ苦しむこともないからだ。よって、仏教的には「生まれてきておめでとう！」なんて話には基本ならない。「生まれてきてお気の毒さま」なのである。

人生を言祝《ことほ》ぐどころか、もっとも歓びに溢れるはずの誕生まで「苦」と捉えた釈迦。浅く捉えればニヒリズムの極致のようだが、そうではない。事実、生きていくのは大変だ。私たちは日々それを実感しているはずである。たとえ超イージーモードの人生を与えられたとしても、一度も苦しまずに済む人生なんてありえない。

そんな不確実で不安定な世界で生きている限り、私たちの苦しみは永遠に続く。

だったら、なんとかして苦を脱する方法を探すべきだ。

そんな風に考え、実現するための実践的かつ思弁的方法論を編み出したのが釈迦であり、その教えをまとめたのが「仏教」だ。

だから、「一切皆苦」「諸行無常」「諸法無我」がベースにある限り、どんな教えでも——かつて世を騒がせたあのオウム真理教ですら、仏教のカテゴリーに含まれうる。

逆に「生きるって楽しい！」「ホトケさまさえ信じていたら人生All Happy間違いなし！」がメッセージのメインであれば、「宗教」としてはともかく、「仏教」としてはちょっと問題あり、だといえるだろう。

「え？　そうなの？　近所のお寺に『生きる歓び　命の輝き』みたいなことを書いた張り紙があったけど」と思った方もいるかもしれない。

これに関しては仏教学者の佐々木閑さんが「こころ教」なる絶妙な名前を付けておられる。つまり、あれは近代科学や戦後の価値観（人生礼賛だとかスピリチュアリズムだとか）を仏教に反映させたゆるふわ仏教もどきであり、宗教の末期症状なのだ、と。

今どきの人に「阿弥陀如来は西方浄土にいて、南無阿弥陀仏と唱えれば誰でも極楽往生し、最終的に解脱できます」とか「即身仏となってずっと生き続けています」なんて説いたところで「そんなの迷信でしょ」と言われておしまい。だから、「仏はあなたの心の中にいるのです」みたいな感じで、すべてを「心の問題」にすり替えるしかない。

と、まあ、この辺り、あんまり深入りするとまたいつものごとく本題から外れてしまうのでここまでにしておこう。

とにかく、たとえ歓びや楽しみがあったとしても、それらは容易に反転して苦の原因になる。

大好きなお菓子を毎日好きなだけ食べていたら糖尿病まっしぐらだし、愛する人がいたっていつか必ず来る別れに苦しまなければならない。心から望んで産み育てた我が子が無差別凶悪殺人犯のようなパブリックエネミーになったら、あなたはどう思うだろうか。

誰がなんと言おうと、人生のすべては「苦」なのである。

よろしいでしょうか？

さて。

私はどういうわけだか、子供の頃からお寺や神社が好きだった。

ごく幼い頃はおそらく日常からかけ離れた空間に心惹かれていたのだと思う。外国であれ、遊園地であれ、とにかく「ここではないどこか」を生来的に好む魂が三つ子に宿っていたのだ。

しかし、成長するにつれ、仏教そのものに興味を持つようになった。

たぶん中三の頃だったと思うが、角川書店発行の『仏教の思想1　知恵と慈悲〈ブッダ〉』という分厚い本と出会い、漠然と捉えていた仏教と〝釈迦の教え〟がまったく違うことに驚いた。

釈迦の人生観は、前述の通りとてもシビアだ。そのシビアさが、生意気ざかりの小娘にはビビッと来たのである。

そこで、受験を控えて勉強しなければいけない時期だというのに、学校図書館の司書さんにアドバイスをしてもらって、仏教解説書を読み始めた。完全に現実逃避だが、でもまあ、あの時期の読書がなければ今の私はないわけで、ひとまずは良しとすべきなのだろう。……ん？　もしかして、あの時期にあんなのを読んでなければ、こんな変調子の人生は送っていなかったとか？　……まあ、そこは不問に付しておこう。

そんなこんなで、大学を卒業する頃までに、いろいろな仏教書を読んだ。

そんな中、うら若き乙女であった私が一番興味を持ったのが「アビダルマコーシャ」という古い仏教論の中にある「刹那滅《せつなめつ》」という考え方だった。

これをざっくりと説明すると、次のようになる。

私たちは、一旦生まれてしまえば、死ぬまでの間、常に「私」が揺るぎなく存在し続けていると考えている。

だが、これは間違いで、人間を含むありとあらゆる存在は刹那に生まれては消え、を繰り返しているという。厳密には、瞬間ごとに現れる「私」はすべて別の存在であり、それがたまたま繋がっているように見えているだけ、ということになる。つまり、発生と消滅を繰り返しながら刻々と変化しているのだ。

人間に限らず森羅万象のあらゆる存在はそういうものだと、古代の仏教学者たちは考えた。

たぶん、一読しただけでは何のことだかまったくわからないと思う。私も最初はさっぱりだった。「自分」が瞬間ごとに生まれては消滅しているなんて、なんですかそれ、である。

私は昭和四十六年に生まれて以来ずっと同じ肉体で存在している。その証拠に古い傷だってあるし、経年を示す皺《しわ》の数々も実に立派に育っている。昔の記憶も、かなりあやしい部分はあるものの、それなりに残っている。

それらはまさに「私」というものが常に連続してあったなによりの証拠ではないか。普通はそう思う。

だが、この「刹那滅」という考え方では、時間をめちゃくちゃ細かく分解する。日常語でも刹那はごくわずかな時間を意味するが、仏教用語の「刹那」は時間の最小単位とされている。物質における原子のようなものだ。よって、一般的な人間の感覚では認識できない。

原子は陽子と電子の電気的結びつきで成り立っていて、そこには隙間的なものがある、はずだが、私たちの皮膚や肉に隙間は見えない。手のひらに水を受けても指の間以外からは漏れたりしない。それでも電子顕微鏡で見れば隙間がある。

そういう極小の話を、時間にも適用したのが刹那滅だと思えば、一番わかりやすいかもしれない。存在一切は認識できないほどの短い間隔で発生と消滅を繰り返している。超高速で明滅する灯りがずっと点いているように見えるのと同様、私たちも常に存在し続けているように見えているだけ、なのだそうだ。

「諸行無常」「諸法無我」という仏教の原理を補強するために無理やり捏《こ》ねた理屈のように思えなくもない。だが、この考え方は仏教だけのものではなく、インドの古代宗教に広く片鱗《へんりん》が見られるのだそうだ。さすがはゼロの概念を発見した(といわれている)人たちである。

とにかく、「私」は「刹那の現在」を形作る因縁(ヤクザがつけるインネンではなく、物事を生起させる原因)によって常に発生と消滅を繰り返している。

つまり、一瞬前の自分も、一瞬後の自分も、厳密にいえばこの瞬間の自分とは異なるのである。

そう考えると、「私」という連続体のすべての中心となる「私」はいないことになる。

こうした概念を完全に体得して、悟りを開いてしまえば私は立派な覚者だ。歴史上の釈迦牟尼世尊と肩を並べることができるわけであるが、残念ながら凡下《ぼんげ》の身。思考は卑近な「死に方探し」に流れてしまう。

以下続くもにょもにょは、仏の教えとはまったく関係ない、手前勝手な「仏教を利用した私見」なので、心ある人には叱られるかもしれないが、そこは大目にみてほしい。

「刹那滅」を編み出した人たちの言に依ると、今現在の「私」は過去の累積ではなく、さまざまな原因が重なった帰結として、未来に散在する「可能性のひとつとしての私」

が「現在という瞬間」にひょこっと顔を出したものであるそうだ。

さて、そんな淡雪のような存在に、未来に何万何億と存在する「可能性の私」の全てを断つ権利はあるのだろうか、というのが湧いてきた疑問の正体だった。

今の所、私は望まぬ状況になるぐらいであれば、そのまま死にゆくのを大方針としている。そして、間違いなくその方針が実行されるよう環境を整えるのに奮闘している。

けれども、いざその瞬間を迎えた時の「私」が、今の私と同じとは限らない。「どんな状況になっても生きたい私」でない保証はどこにもないのだ。

出現した「どんな状況になっても生きたい私」は、それまでの「死にゆくのを大方針にしていた私」に従うべきなのだろうか。それとも、過去は過去として、瞬間の変節を優先すべきなのだろうか。また、優先された「生きたい私」が選んだ先にある「未来」に生きる自分が、その過去の私の選択を歓迎するのか、後悔するはめになるのか、それもわからない。

ただ、ひとつだけはっきりしているのは、少なくとも「過去の私」たちの望みに従い、命を終える決断をしたその瞬間、「未来の私」たちはすべて無に帰すということだ。

ならば、いったい、どの時点の私なら、過去現在未来を代表して、すべての未来を閉ざす決断を下す権利を持つのだろう？

そもそも古代インドの宗教哲学に近世欧州由来の「権利」なる概念を持ち込むのはい

かがなものか、という話ではある。しかし、どちらも知識として齧ってしまっている現代人の私が、こんな疑問を抱いてしまうのもしょうがない。

今の所、私が無理な延命は拒否する立場であることは揺るぎそうにない。だから、「死に方探し」を粛々と進めていく。

だが、同時に「生きたい私」もまだ見ぬ未来に存在している可能性は考えておかなくてはならない。ある程度「死に方」が定まったら、次の課題はそっちの「私」のための準備をすることかもしれない。

人に仏教とは何かと問われたら、私なら「執着を捨てるための教え」と答えるだろう。なぜなら、執着こそすべての苦の原因だからだ。

だから、「生きたい」に執着するのと同じぐらい、「死にたい」に執着するのもよくない。

喜怒哀楽も、生老病死も、人の身である以上、絶対に逃れることはできない。

だが、喜怒哀楽にも生老病死にも執着しないことはできる。

喜楽に執着すると、利己的で強欲な人間になるだろう。

怒哀に執着すると、破滅的で無慈悲な人間になるだろう。

老への恐怖から若さにしがみつく人間は醜い。

死や病を恐れるあまり人生を楽しめないなら意味がない。

だが、生に恋々としすぎても、同じく人生を楽しめないのではなかろうか。

死と生はいずれも「苦」であり、同時に刹那的なものであるという考え方を知ったおかげで、死を必要以上に恐れず、かつ過度に重く考えなくなったのは、私にとっては大きなプラスだった。

だから、これから死に方探しの旅に出ようと思う方には、ほんのちょっとでもいいから、宗教や哲学を視野にいれておくことをおすすめする。別に信者になる必要はないし、洗脳カルトには最大限の注意を払うべきだが、先人たちが人生の苦しみをどう宥《なだ》めたり、かわしたりしてきたのか、それを知ることは決して無駄ではない。

仏教に限らず、あらゆる宗教や哲学は、一人で考えるには重すぎる物事に道筋を見出すための集合知、一種のシェアリングエコノミーだと私は思っている。だから、自分のニーズや気性、性癖にあわせてチョイスするのが一番だ。

宗教なんて、縛られるものではなく、幸せになるために都合よく利用するべきものなのだから。

たぶん、このあと出てくる、臓器提供の意思表示や葬儀や墓所の準備などにおいて、私は常識的な人たちから見れば「とんでもない!」と叫びたくなるようなことを言い始めると思う。だから、前もって知っておいてもらいたいのだ。まったく考えなしでの暴言というわけではないことを。

と、まあ、前フリをしないといけないほどの「暴言」が今後に出てくるかもしれません。その場合には、どうぞ御海容のほどお願いいたします。

【ポイント】
1. 私の死に時は見送るべき人を見送って以降。
2. いつの時点の「私」の意思が尊重されるべきなのか、考えておく。
3. 死に関する哲学に触れておくことは有用。

葬式がわからない

記録作業は続く。

かかりつけ医の他に「通院医院情報」があるが、ここには歯医者や整形外科などで通院している医療機関を書いておく。

ミステリードラマが好きな人ならおなじみだろうが、身元不明の死体が見つかった時、頼りになるのが歯科のカルテだ。たとえ顔が識別できないぐらいぐちゃぐちゃにつぶれていたり、土左衛門になって見る影もなくぶくぶくになっていても、歯の治療痕だけは失われない。骨折痕などもそうだろう。

死に備えるというなら、おどろおどろしい死に方も視野に入れておくべきだ。というのは冗談で、特殊ケースを想定しないでも、健康情報の一環として通院医療機関を書いておくと何かと役に立つものだ。

服薬情報は突然運ばれたりした時に必要な情報だから、これもまたしっかり記録しておかなければならない。持病が書いてあれば医療機関で類推できるだろうけれども、正しい情報がわかれば余計な手間をかけずにすむというものである。

さて、次は「リビング・ウイル」の置き場所。これはすでに書いた通り冷蔵庫の「緊急医療情報キット」に保管してあるので、その旨を記入する。

よし、これでOK。なお、横須賀市の「わたしの終活登録」では、エンディングノートの保管場所も登録できるようになっている。せっかく書いたものが誰にも発見されずに死蔵されるという悲しい結果にならないですむのはありがたいことだ。

さて、あれこれやっているうちに医療情報もラストになった。最後は臓器提供に関する意思表示だ。

私は、脳死になれば全臓器を提供するつもりでいる。よってカードを携帯しているし、「わたしの終活登録」でも「私は、脳死後及び心臓が停止した死後のいずれでも、移植のために臓器を提供します」と書かれた欄にチェックを入れた。死んでしまえば、まだ使用に堪える内臓があったとしても燃やすしかない。それはそれでちょっともったいない気がする。もし、誰かに使ってもらえるなら、それに越したことはない。

「私」がこの世から消えてからも、どこかの誰かの体内で私の心臓が鼓動を打ち、私の肺が新鮮な空気を吸い、私の眼球が知らなかった景色を見る。なんだかロマンがあるじゃないですか。文学的でもある。一つ間違えればホラーだけど。

ただし、このロマンだって、時間制限がある。臓器によって多少の差はあるようだが、だいたいは五十歳から七十歳ぐらいまでが移植が可能な上限とされている。それ以上の年齢になれば燃やすしかない。残念だけれども。

さて、これで医療情報はすべて終了だ。まだ全部書いていないというのに、すでにやり遂げた感がある。気分がよくなったところで次に進もう。

死後手続きがわからない

ここからのお題は死後の後始末だ。

前出のリストの4以降である。

念のため再掲しよう。

4. 死亡後の後始末情報

●エンディングノートの保管場所

●遺言書の保管場所

●生前契約している業者がある場合、業者名と連絡先
葬儀会社／遺品整理／弁護士・司法書士・行政書士／墓所
生前契約していない場合、希望の業者名と連絡先
葬儀会社／遺品整理／弁護士・司法書士・行政書士／墓所

●献体希望の場合は献体先

5. 金融情報
金融機関名と口座番号
契約しているクレジットカードの社名とカード番号
掛けている保険の種別と受取人名
株式／投資信託先
債権／負債

6. その他
自分の身の回りを始末するためのあらゆる情報

日本では、人は死んだら必ず埋葬しなければならないと法律で決められている。どこかに放棄して腐《く》ちて土に還るに任せるわけにはいかないのだ。孤独死したあげく、誰にも見つけてもらえず骨になっていたとしても、見つかってしまえば埋葬してもらわなくてはならない。「どっかにうっちゃってもらって結構です」では済まないのである。もしそれをやったら、実行者は死体遺棄の罪に問われ、立派な前科者になってしまうだろう。そんなの申し訳なさすぎる。

さて、私がおうちで死んでいるのが見つかったとしよう。

この場合、警察や自治体が親族に連絡を取るわけだが、身寄りがまったくない、あるいは親族が引き受け拒否をした場合、故人は行旅死亡人、つまり行き倒れと判断され、行旅病人及行旅死亡人取扱法に従って自治体が火葬と埋葬をすることになる。

家で死んでも行き倒れとはこれ如何に、であるが、細かいことを気にしては大人物にはなれない。片付けてくれるのだからここはありがたく行き倒れ身分に甘んじるべきだ。

とはいえ、当然葬儀はなく、遺骨は自治体が管理する合葬墓に入れられる。代金は、故人に遺産があればそこから差し引かれる。ない場合は公費負担となる。つまり法律上はまったく身寄りがない人間でも、骨だけは拾ってもらえるシステムになっているのだ。「死して屍拾う者なし」は隠密同心だけらしい。

遺産や遺品に関しても、行旅病人及行旅死亡人取扱法に定めがある。預金や不動産は相続人がいないのを確認した上で国庫に入る。遺品は自治体での保存が原則だが、売れるものは売って火葬などの費用に充《あ》てることができるし、保管に費用がかかりすぎる場合は廃棄してもよいというわけなので、一応生前に何ひとつ決めていなくても万事片付くことにはなっている。なってはいるのだが、準備なしでは各方面に相当な迷惑をかけるのは必定だ。

公に負担をかけるもクソもあるまい。それだって公僕の仕事だ。やらせればいい。そんな風に考える人も、中にはいるだろう。

だが、私は嫌だ。やっぱり自分の後始末ぐらいは自分でしたい。

死んだ後、魂が残るか残らないかは死んでみないとわからないが、遺骨と遺品、そしてやるべき手続きは確実に残る。これぱっかりはどうやったって避けようがない。

先に断っておくと、もっとも簡便な対処方法は「金にあかす」である。死後処理の委託サービスはすでに存在し、機能しているからだ。

だが、あいにく私には金が無い。

だから、無いなりにどうにかする方法を考えておかなければならない。それができるのは、情報収集力と分析力がまだなんとか機能している今のうちである。

身の回りにいる高齢者を観察するに、たいていの人は還暦を過ぎると判断力に衰えが見えてくる。そして、古稀の声を聞くと、認知症でなくても子供がえりを起こし始めるようである。それなのに能力の衰えは自覚し難いときているから、老化というのは実にタチが悪いわけで、だからこそ将来の衰えを先輩たちの言動を通して客観視できる四十から五十代、いわゆる分別盛りに目算ぐらいは立てておくべきなのだ。

さて、身寄りがなくても発生する最低限の「死後処理」は以下の通りだ。

死亡届の提出など、行政官庁への届け出
臓器提供や献体などの手続き
葬儀
納骨（つまるところは遺体処分）
遺品整理
家財道具の売却／廃棄
有価値動産の売却／形見分け（私は心配ない）
所有不動産の始末（私は心配ない）
パソコンやスマートフォン類の処分

お金周りの後始末
公共料金、病院や施設の利用料など、未払い料金類の支払い及び利用停止手続き
健康保険、介護保険、年金などの公的サービスへの諸手続き
銀行口座の閉鎖およびクレジットカードなど各種カード類の解約手続き
諸々の後始末
世話が必要なペットや観葉植物の譲渡
必要な相手への訃報連絡
ＳＮＳなどのアカウント停止

ちょっと考えただけでもこの通りである。

つくづく一人では死ねない社会だ。

ほんと、めんどくさい。

とはいえ仕方ないので、死んだ後にやるべき手続きを順番に見ていき、エンディングノートと「わたしの終活登録」用紙に記入していこう。

諸手続きの前、まずは遺体処理だが、ここで最初の分岐がある。

死後、臓器提供や献体の意思があるならその手続きが必要になるからだ。

誰にも看取られることなく死んだ場合、当然発見が遅くなるだろうから臓器提供は諦

めなくてはならない。ちなみに、心停止後の処置で移植可能なのは腎臓、膵臓、眼球の三つのみ。心臓、肺、肝臓、小腸については、脳死状態からでないと移植できない。まさに時間との勝負なのである。

病院で死んだ場合、意志が事前に病院側に伝わっていて、かつ移植に堪えうる臓器と判断されれば、ほぼ間違いなく希望は果たされる。必要な手続きは病院側がやってくれるので心配ない。最近は大きな病院ならほぼ百パーセントMSWがいるので、前もって彼らに伝えておけばいい。万事滞りなく進めてくれるはずだ。脳死の場合は、脳死した体からの臓器摘出が可能な病院に限られるが、これもコーディネーターがうまくやってくれるだろう。なにせ、移植可能な臓器は常に足りていないのだ。絶好の機会を医療関係者が逃そうはずがない。

死に場所が介護施設などだった場合、これも周囲に意志が伝わっているかどうかで状況は変わるだろう。ただし、介護施設で暮らさなければならないほどの年齢に達していれば、臓器提供自体できない可能性がある。提供意思自体に年齢上限は設けられていないのだが、一般的には心臓は五十歳以下、肺と腎臓は七十歳以下、膵臓と小腸は六十歳以下のものが望ましいそうだ。これ以上の年齢では絶対できない、というわけではないけれども、可能性はどんどん低くなると考えておいた方がよいだろう。

一方、献体の年齢上限のハードルは、臓器提供よりも低い。ただし、日本臓器移植ネットワークのような全体を総括する組織がないため、希望する献体先に事前申請しておかなければならない。献体先は医学部や歯学部のある大学のみで、献体希望者に求める条件はそれぞれで異なる。なので、臓器提供よりも手続きのハードルは高い。

さらに、最近、問題になっていることがある。なんと、受け入れ先によっては献体が余り気味だというのだ。そのため、大学によっては申し込みを断る、あるいはハードルを意図的に高くして〝実質お断り〟の状況をあえて作っているそうなのだ。

なぜ、そんなことになったのか。

その答えを率直に書いた文章がある。平成二十三年十二月に発行された「東京医科歯科大学　献体の会会報」に献体の会理事・前川芳一氏が寄稿した「献体を取り巻く変化の潮流」がそれだ。

氏は、献体を巡る歴史的な流れを整理した後、最近は供給が需要を上回りつつある現実を指摘し、次のように述べている。

（前略）献体は煩わしさがなく費用も掛かりません。亡くなって大学に連絡すると自宅はもちろん病院の霊安室にまで寝台自動車で遺体を取りに来てくれます。それで寝台自動車を見送ればすべて終わりです。（中略）

大学は受け取った遺体を解剖実習に使うまで防腐処置を施して保管し、実習が終われば大学側の負担で火葬し、遺骨を遺族に返還します。遺骨の引き取り手がなければ大学は大学専用の納骨堂に安置し、春と秋の彼岸に供養する。またどこの大学も年一回、解剖体追悼式といった形で盛大な慰霊式を行なっています。個人ではとてもできない至れり尽くせりの弔いをしてくれます。このような丁重な取り扱いをしてくれる献体に人気が高まっているということではないでしょうか。

要するに、我が身と引き換えに、普通にやれば百万円は下らない葬儀一式を大学側に面倒みてもらおう、しかも永代供養付きで、と考える人間が増えた、というのだ。

もちろん、純粋に医学教育に貢献したいと願う人もいるだろう。だが、葬式や埋葬の費用に不安があり、かつ後生を弔ってもらえるかどうかわからない人たちの受け皿になってしまっている現実もあるのだ。

もし、老いの貧困、もしくは葬送儀礼の軽視が献体希望増加の背景にあるのだとしたら、この傾向は決して歓迎できるものではない。葬儀と供養を得られるならかわりに我が体を差し出しましょうというなら、それはある意味、身売りだ。どのような選択肢であれ、本人が納得ずくならば他人がとやかく言うべきではないが、発想にいわゆる経済的徴兵制と同じニオイを感じてしまう。

経済的徴兵制とは、「貧困層の若者に対し、学費免除や医療保険加入などの経済的支援を提示して、軍への入隊を募ること。強制的・制度的な徴兵ではないが、貧困から抜け出す道が限られている若者が、やむをえず募兵に応じざるを得ない状態」（デジタル大辞泉）を指す。つまり、選択肢がほとんど与えられていない中で、一見自由意志であるように見えながらも、実質は「それしかない」道を選ばされているのだ。

実際、貧困者の献体を制度化している自治体がある。

なんのことはない、私が住む横須賀市だ。

横須賀市は、二〇一六年、神奈川歯科大と「献体事業」協定を結んだ。市の終活支援「エンディングプラン・サポート事業」の一環として、サポートプラン登録者が献体を希望した場合、その希望が叶うよう市がサポートするというのだ。

「エンディングプラン・サポート事業」ではひとり暮らしで収入・資産が一定額以下の高齢市民は、死亡届の提出や死亡連絡のほか、二十万円程度を先払いすることで市が葬儀や火葬を見届けてくれることになっている。だが、その二十万さえ準備するのが難しい人が選べる一つの選択肢として、献体をした人の火葬までを大学側が負担することで、個人負担を五万円程度に軽減するというのだ。

従来、身寄りのない高齢者は、同意を得られる親族がいないことや遺骨の引取先がないなどの理由で、献体を断られることが多かった。それを市が代行することで解決したのである。

悪い制度ではない、とは思う。だが、献体はそもそもの理念が無条件・無報酬。純粋に医学の発展を願う心が動機でなければならない。大学側が供養を行うのは、あくまでも厚意に対する無形の返礼であって、代償ではない。もし、個人負担の軽減を目的に、本来であればやりたくもない献体を選ぶ人がいたとしたら……。それは献体の本来の理念から大きく外れてしまう。でも、背に腹は代えられないこともある。老いた末に、たった二十万が用意できないことも十分にあるのだ。私なぞはまったく他人事ではない。

もちろん、横須賀市の取り組みは〝経済的献体制〟ではない。むしろ、身寄りがないという理由で志を遂げられない人をサポートしようというものだ。ただ、先程引用した通り、医学部の現場では少なくとも十年ほど前から献体の主たる目的が「葬送費用の節約」に変化してきていると感じているわけである。

それを前提に考えると、少なくとも経済的に余裕のある人は、葬送費用の節約を目的にした献体は考えてはいけないだろうと私は思う。それは、学術界と貧困層に対する、二重の搾取になりかねない。もし、子や孫に経済的負担をかけたくないとの理由で献体を希望するならば、もう少し視野を広げ、その結果何が起こるのかを考えてみてほしい。すでに「家族の問題」ではすまない状況になっているのだ。

葬送儀礼は誰のもの？

献体過剰のような問題が起こるのも、死ぬのにとにかくお金がかかるという構造的な問題があるからだろう。

昔ながらの、多くの人に参列してもらうソーシャルな葬式をしようとすると、基本料金だけで百万円を軽く超える。これでも随分安くなったそうだし、参列者が多ければ香典もある程度は当てにできるが、それでもやれ戒名だ、法要だと宗教儀礼が入ってくればさらに物入りになる。

きちんと法要をし、戒名を授けてもらう場合は、当然ながらお布施が発生する。地域の事情やお寺との付き合い、さらにはお坊さんに何人来てもらうかなどで変動するが、だいたい十万円から五十万円程度は見ておかなくてはならない。戒名も文字数などで幅があるが、少なくとも五万円、ものすごく立派な戒名だと百万円ぐらいは必要だろう。ちなみに、お寺さんに渡すお金は「代金」ではない。「喜捨」である。そこらへんを双方がごっちゃにするから、やれ料金表がどうとか、相場がどうとかいう話になる。

本来、喜捨の多寡に宗教者が文句をつけるなどおこがましいにもほどがある。とはいえ、釈迦の時代からお布施の少なさに不平不満をたれる出家者はいたようだし、まして寺院経営が家業になっている現代のお坊さんたちは生活がかかっているのだから仕方ない部分はある。社会に組み込まれた宗教活動は経済活動の一環なのだ。そんなわけで、宗教的な慰めを得たいならば対価を免れることはできない。そもそもお金とは「何かをする権利」の数値化に過ぎないのだから。

私自身の話をすると、臓器提供の意思はあるのですべての関係書類にその旨を明記している。臓器提供意思表示カードも常に携帯している。

一方、献体に関してはここまで書いてきたような理由で、やめておくつもりだ。もし今後、「献体不足になってきました！」みたいな情報を聞くことになれば登録するのはやぶさかではないが、多死時代に入る今後十数年は確実に供給過多になるんじゃないかな。もし、私の死体が欲しい医療関係機関があればご連絡ください。いつでも喜んで登録いたします。

臓器提供しない場合は、葬儀の手配をいの一番にしなければならない。

死亡すると、役所に「死亡届」と「火葬許可申請書」を出さないといけないが、この申請については葬儀業者が代行してくれるので、あまり心配する必要はない。もっとも安いプランを選んだとしても間違いなく代金に含まれている。これらの手続きなしには葬儀業者も動けないからだ。

葬儀に関していえば、私自身は「直葬《ちょくそう》」でよい。直葬とは、法定の遺体安置時間である二十四時間が経過したら直接火葬場に運んで火葬する葬送方式だ。宗教儀礼はなし、通夜も告別式もなし。それに付随する飲み食いもなし。もっともシンプルな送り方だといえる。

身寄りのない人間には、これで十分だ。戒名も読経も私には必要ない。

とはいえ、別に「葬式無用、戒名不用」を気取っているわけではない。

魂も、死後の世界もない。人間、死ねばそれで終わり。

それが私の死生観だから必要ないのだ。付け加えると、徹底した無神論者でもある。

私をよく知る人なら「え？　あなた仏教関連本を何冊も書いたんでしょ？　それに怪談とか妖怪とか大好きって言ってなかったっけ？」と訝《いぶか》しむかもしれない。

だが、私の中では、唯物的な死生観と、宗教やお化け話を愛好する行為の間になんら矛盾はない。なぜなら、神も仏もお化けも魂も、あの世に属する一切合切は人間がこの複雑な世界を理解するために生み出した人工的な文化体系に過ぎないと考えているからだ。

私は神仏の前では必ず手を合わせる。お参りしたらお賽銭《さいせん》を投げる。宗教儀礼も尊重する。自分以外の人に葬式なし戒名なしを勧めたりしない。もし幽霊を見た人がいたとして、それが嘘だとも思わない。その人は確実に何かを見、感じたのだ。けれども、神仏も幽霊も実在するとは思っていないし、実在する必要もない。

もし、本当にあの世なんてものが実在するならば、なぜ民族や宗教ごとに様子がゴロッと変わるのだろう。それどころか、同じ民族や宗教であっても、時代とともに語られる内容は変化する。もし、巫者《ふしゃ》に死後の世界を語らせたとして、古墳時代と平安時代、そして現代の巫者では言うことがてんでバラバラだろう。死という現象自体は何一つ変わらないのに。

生命そのものは自然に属する。自然は、文化や宗教に影響は受けない。仏教国だろうが、キリスト教国だろうが、太陽は東から昇って西に沈むし、海の水はしょっぱい。同様に、生命現象も自然法則にのみ従う。

人間の想像力はたくましく、豊かだ。だが、自然法則に干渉する力はない。よって、死に際しての儀式はもっぱら生者のためのものであり、死者がそれに影響を受けることはない。「影響を受ける主体」としては、すでに存在しないのだから。

もし、私の死後、私に連なる生者がたくさん残るのであれば、彼らのために葬送儀礼は行われるべきだろう。だが、私にはいない。よって、直葬で十分なのである。事務手続きをしてくれる人以外は立ち会いも不要だ。すでに死んでいる私が認識することはないのだから。

直葬の費用はいくらかかっても十万円ほど。生前契約しておいてもさほど負担にはならない金額だ。今から毎月五千円ずつ貯めたとして、二年もあれば十分である。

ただし、どのタイミングで生前契約しておくかという難しさはある。あまりにも早い段階でやってしまって、死ぬ頃には契約先の葬儀会社が潰れていました、では話にならない。

一般社団法人である「全日本冠婚葬祭互助協会」に所属する互助会ならば、私企業であっても割賦販売法に基づいて掛金はある程度保護される。しかし、私のように直葬を望む場合は、掛け金総額の方が実際の葬儀費用を上回って損になりかねない。よって、今のところは「直葬」という方針のみ明記しておけば十分だ。

もし、明日ぱったり死んでしまっても、今ならまだ喪主となってくれる人がいるし、保険金もあるので費用負担をかけることもない。

将来的には自分の体調を見極めながら、どこかのタイミングで安全そうな葬儀業者と契約すればいい。おそらく、それが必要になる頃には、葬儀業界も今よりもっと充実した、安心安全の「身寄りのない人向け葬送事前予約プラン」を整えていることだろう。需要が増えていくのは間違いないからだ。必要は発明の母である。業界の皆さんが発明してくれることを心から祈る次第である。

と、お祈りした直後にこういうことを言うのもなんだが、私みたいな特殊事情の人間でもない限り、直葬はあんまり推奨したくない。というのも、遺族にとって葬送儀礼は大きな意味を持つからだ。

繰り返すが、葬送儀礼は生者のためになされるものである。

だから、遺族が多ければ多いほど、葬送儀礼はきちんと行ったほうがいいというのが私の考えだ。宗教的要素は必須ではないが、生者の心の慰めになるのであれば取り入れるべきだろう。生きている人間に、宗教が与える影響力は二十一世紀の今でも相当に大きい。

たとえば、「戒名」。仏教界のボッタクリ体質の象徴のように言われて久しい制度だが、戒名なしの選択をする人は現代でもさほど多くはない。中には葬式は無宗教でするけれども、戒名だけはつけてくれ、という人もいるそうだが、これなんぞは実にバカバカしい。なぜなら、戒名とはそもそも仏教に帰依《きえ》して出家した人につけられる仏弟子ネームだからである。

平安時代、仏教伝来から数百年経って、ようやく仏教的な地獄の概念が人々に広まり始めた。

元来、日本にはさほど明確な「あの世」観はなかったとみられている。古事記に出てくる「黄泉」は死者が行く穢らわしい場所ではあるが、生前の行い如何で罰を受けるようなことはない。

しかし、地獄は違う。些細な罪でも罰せられ、苦患《くげん》を受ける。しかも、無罪放免される可能性はほとんどない。罰則規定がむちゃくちゃ細かいのだ。ごく慎ましやかに暮らしていても、地獄堕ちはほとんど避けられない。

ところが、お坊さん曰く、出家さえしておけば地獄で〝仏弟子優遇〟が受けられるそうなのだ。「私、仏様の弟子ですねん」と申告すれば、いろんな罪がチャラになる。そんなうまい話があるなら、乗るに限るではないか。

というわけで、財力のある貴族などは、死に際に大急ぎで出家儀式を行うようになった。そして、時代が下ると、いつの間にやら「死んでからの出家でもＯＫ」となった末に、「何をやってもらっているか理解していないけど、とにかく読経してもらって戒名をつける」という慣習が出来上がったのである。

要するに、仏式の葬儀は本来仏弟子になるためのセレモニーであって、厳密にいうならば弔いのためにやっているわけではない。参列者がそれを弔いと解釈しているだけである。

ちなみに、神葬祭は仏教葬儀の向こうを張るために江戸時代になって創設されたニューカマー葬式だ。神職が死穢《しえ》に触れるなど言語道断のはずだが、人間の都合が優先されたのである。

だが、そんな小理屈を知らなくても、読経を聞き、焼香をし、合掌して頭を垂れれば、あるいは祝詞《のりと》を聞きつつ榊を手向ければ、死者に対して何かをしてやれたような気分になるのが人間というものだ。その心理的／社会的作用を否定するつもりはさらさらない。

むしろ葬送儀礼は文化の極致だと思っている。そして、私は古人が培《つちか》ってきた文化を何よりも愛し、尊重している。だから、魂の存在を信じ、死後の世界に不安を持っているならば、むしろしっかりと葬儀の準備をしておくべきだと思う。その方が、日々安心して暮らせるし、逝く際にも心安らかだろう。先述の通り、宗教は人が幸せになるための道具だ。道具は必要な時に使ってこそ、である。

一番駄目なのは、お金をケチるためだけに宗教儀礼を排することだ。これをやると、必ず遺族間で諍《いさか》いが起こるし、後悔の種になる。

私同様、身寄りがいないならば直葬で十分だろうが、独身者でも親族が多いならば宗教的な葬儀を行う方向で検討しておいた方がいいだろう。無宗教式でも構わないが、その場合は生前に周囲の人間をよくよく納得させておく必要がある。故人の希望で無宗教葬にしたものの、参列した親類からクレームが出て大騒動になるケースも珍しくないそうだ。

係累が多いほど、葬送儀礼は自分だけのものではなくなる。

それだけは覚えておいたほうがいい。

【ポイント】

1. 臓器提供や献体を望む場合は周囲にちゃんと伝えておく。
2. 自分の遺体をどうするのかは、家族だけでなく社会への影響も考えて選択するべき。
3. 暇な時間に各社の葬儀プランをチェックしておくといい。

お墓をどうすればいいのかわからない

さて、遺体の始末はまだまだ終わらない。むしろ、燃やしてからが本番である。墓の問題だ。

タイムリーなことに、ちょうどこれの執筆に取り掛かる少し前、郵便受けに墓地の広告が入っていた。私が住んでいる辺りは高度成長期に宅地造成が進んだ地域なので、超高齢社会の最前線になっている。勢い、広告には老人を対象にしたものが多く、お墓販売のチラシも時々投函される。需要が高いのだろう（追記・コロナ禍後はぱったり途絶えた）。

今回のチラシの広告主は、隣接する市にある霊園の販売事務所だった。運営主体は公益財団法人である。海が見える小高い丘に位置する公園墓地で、敷地内には墓地のほか、日本庭園や地域の特産品を売る販売店もあり、ちょっとしたピクニック気分で墓参できるようになっている。当然駐車場は完備、自動車がなくても最寄り駅から公営バスで徒歩十分の場所まではたどり着けるし、盆正月春秋彼岸には最寄り駅から送迎バスが出る。東京からだと車で一時間半、公共交通機関利用で二時間弱。横浜だと車で一時間、公共交通機関利用でも一時間半ほどなので、ドライブあるいは行楽がてら利用できる感じだ。霊園内が遊山仕様なのはそのためだろう。

そんな良環境の墓地、価格表を見ると、土地代と墓石代、さらに工事費消費税諸々込みで八十万から二百万程度で頒布されていた。なんでもこれは墓石を五〇パーセントオフすることによって可能になったバーゲン価格だそうで、私なんぞは、なるほどお墓も値引き対象になるのだなと妙な感心をしたわけなのだが、それはさておき。

当然ながら、総額は墓所の広さや墓石のランクで変化するが、新規で建てるつもりなら、平均して一五〇万程度は見ておいたほうがいいようだ。

毎年何度も墓参に来る「誰か」がいて、なおかつ死後の安寧を墓で保証したい、という目的がぼんやりとでもあるならば、投資としては悪くないのかもしれない。だが、私のように誰もこないのが確実の人間にとっては、完全なる無駄金である。

すでにある累代の墓に入るならば、費用はそこへの交通費と納骨法要のお布施ぐらいだ。

だが、統計資料によると都市部に住む人の半数以上が墓を所有せず、どこに入るか決まっていないという。そんな中には「家の墓」には入りたくない人もいるだろう。そう、私のように。一般的な選択は、家族や先祖代々の墓に入るというところなのだろうが、私はこれが嫌なのだ。

こう書くと「あら、ご家族やご親類と険悪なのかしら、ワクワク」みたいな期待もとい誤解を生んでしまうかもしれないが、そうではない。

そもそも墓そのものに入りたくない。理由は特にない。あえて言うなら、焼かれた後のカルシウムになってからとはいえ、ジメジメした冷たい場所に、土にも還れない状態で放り込まれるのが、どうもしっくりこないのだ。死んだら終わりって思っているなら、お骨がどこに入ろうがどうでもいいんじゃない？　という話ではあるのだが、どうにも何かが嫌なのだ。死んだ後、腐りたくないのと同様、「嫌なものは嫌だ」レベルの我儘なのである。

もう一つの理由は、よほど裕福かつ多産な一族でもない限り、墓なんぞ百年も保たずに合祀《ごうし》されてしまう現実を知っているからだ。

我が家系においては、父方母方どちらを見ても私と同じ世代から次世代あたりで祭祀継承者が絶えるのが目に見えている。父方の墓には父の遺骨を入れてもらったし、母は母方の墓がいいそうなので、そちらに入れたあとは両方の墓の維持に協力していこうとは思っているが、私が死ぬ頃には先が見えていることだろう。

よほど「家」の継承に熱心かつ土地から出ていかない一族でもない限り、祭祀などそうそう継承できるものではない。最近の墓じまいブームが何よりそれを物語っている。

いや、うちは永代供養だから大丈夫！　と思っているとしたら、それは大きな間違いだ。永代供養というと、いかにも永続して墓地を専有し、なんらかの供養を受けられる制度のように思われがちだが、実際は上限がだいたい五十年程度。その時期に追加で料金を払ってでも墓地を維持しようという殊勝な子孫がいなければ、墓地所有権は墓地管理者に戻り、墓石は無縁塚、骨は合祀墓に入れられてしまう。

うちは子供たちがしっかりしているから大丈夫、と思うあなた。その子供たちも、ずっと墓参りができる範囲に住むとは限らない。

現実を知りたければ、一度多磨霊園のような大規模霊園を散歩してみればいい。広い敷地に、見上げるほど立派な碑が立っているような墓所でも、墓石が隠れるほど鬱蒼《うっそう》と草が生え放題になってしまっているケースが珍しくない。すでに世話する者がいないのだろう。霊園の一等地に堂々たる墓碑を建てられるぐらいだ。さぞ名も金もある由緒正しきお家だったに違いないが、百年経たずそんなことになってしまうのである。

寺院墓地はさすがにそこまで草茫々《ぼうぼう》になることはなかろうが、それでもまだ比較的新しく見える墓にもかかわらず、「関係者は連絡をください」と掲示されているのをたびたび見かける。あっという間に、誰も来なくなってしまったと思しい。規定料金の支払いがなければ、早晩墓地は没収される。購入時にいくら払ったかわからないが、金の切れ目が縁の切れ目なのは死後も変わりない。別にそうした現状を批判するつもりはない。諸行無常の響きあり、お経を読まないでもよっぽど釈迦の教えの本質がダイレクトに伝わってくるではないか。

とにかく、何をどうやっても最終的には合祀されるなら、最初から合祀墓に入ればいいと思うのだ。生前、しっかりと自分で選んでおいた合祀墓に。

私は叶うならば自然に還っていきたい。だが、法律がそれを許してくれない。合法的に森林や海洋上で散骨するのも悪くはないが、一部では環境汚染や近隣住人との軋轢《あつれき》など、社会的な問題が指摘されている。墓地の樹木葬は墓石がないというだけで、実質一般的な埋葬と大差ない。

唯一惹かれるのが「宇宙葬」である。読んで字の如く遺骨を宇宙に打ち上げる葬送方法で、日本でもこのサービスを提供している会社がある。

宇宙葬には、人工衛星として地球を回る軌道にのるタイプ、月に遺骨入りのカプセルを打ち上げるタイプ、さらにはボイジャーのようにノーリターンの宇宙の旅に出るタイプの三つがあり、私はもうせんから最後の「宇宙の旅」葬に憧れている。

やりたいことの大方は実現してきた人生だが、唯一見果てぬ夢が「宇宙の旅」だ。

銀河鉄道999に銀河漂流バイファム、コブラ、スター・トレック、スター・ウォーズ。とにかく、宇宙を旅する物語が大好きだった美央子ちゃんは、八つや九つの頃、「宇宙探検の『物語』は盛んだけど、実際に行くことはできない時代に生まれた私って、目の前に人参をぶら下げられた馬みたいですごく可哀相。百年後に生まれればよかった」と日々嘆いていた。ものすごく勉強すれば宇宙飛行士になれたかもしれないが、それでも月より向こうには行けない。まして銀河の旅なんて絶対に無理だ。

ならば生前果たせなかった夢を、死んでから叶える。これぞロマンではないか。

だから、できれば「宇宙葬　宇宙探検プラン」を実現させたいのだが、残念ながらこれがむちゃくちゃ高い。最低ランクで二五〇万円である。宇宙まで打ち上げるのだから当然といえば当然だが、墓を建てるより高額だ。残念ながら諦めるしかない。

次善の策を考えよう。

親族の墓に関しては、お願いしたら隅っこぐらいに入れてくれるかもしれないが、どうにも気を遣う。墓の維持には手間も金もかかる。そのコストを負担せず、おこぼれに与る形で入るのは気が重い。それなら最初から合祀前提の墓に決めておいた方が、生きている間の心理的負担が少ない。

合祀墓は、公営から寺院経営まで色々とある。だが、私の場合、おそらく葬儀業者に納骨までを頼むことになるはずだから、その際にスムーズに事が運ぶよう、万事整えておく必要がある。それを考慮に入れると、交渉相手の顔がはっきりと見える寺院墓地の方がいいのかもしれない。

幸い、最近は身寄りのない独身者向けの合祀墓を提供している寺院が増えてきている。そうした中から、信頼できそうなお寺さんを選んで事前に話を通しておけばいいだろう。方針は決まった。

そして、そんなお墓を探そうとし始めた途端、またまた情報が向こうから飛び込んできた。

Facebookで友人登録しているある僧侶のお寺が合祀墓を運営しておられることを、投稿で知ったのだ。しかも、それは私が相場を調べるためにチラシを見ていた霊園にあるという。環境が超すてきなあの霊園だ。そして、価格を見たら、なんと十四万円！個人墓の十分の一ほどの金額だ。私には、これで十分である。

さらに探すと、三万円で埋葬までを引き受けるＮＰＯもあった。こちらも寺が主体で、真摯な活動をされているので安くても問題はないだろうが、やはり生前から御縁のあるお寺さんに頼んだ方が何かと安心できる。差額は安心料だと思えばいいだろう。

死んだら終わりが信条の私が死後の安心を言っても説得力がないかもしれないが、ここで得られるのは生前の安心だ。

やれやれ、である。

求めよ、さらば与えられんではないが、興味を持って情報を探していけば、必要なサービスに当たる世の中になっていることを改めて実感した。

ここまでの流れをもう一度整理しておこう。

葬儀は直葬。遺体の引き取りから納骨まで請け負ってくれる葬儀業者を探しておく。

遺骨は合祀墓へ。こちらも事前に目鼻をつけておく。

喪主になる人がいる間はエンディングノートに「ここに連絡して、こんな風に処理してください」と依頼内容を書いておく。いなくなれば、自力で契約し、葬儀業者と納骨先に遅滞なく情報が届くよう、エンディングノートのほか、「私の終活登録」に情報を記載する。

予算は諸経費含めおよそ五十万円。今の所、それぐらいの貯金はあるので、崩さないよう死守する。

よし、これで4の「死亡後の後始末情報」の方針が整った。

これらを確実に実行するためには遺言書を書くのが一番だが、私の場合はそこまで厳密にする必要はないかなと思っている。

だが、遺言書を用意するならば、弁護士・司法書士・行政書士といった人たちに依頼し、きちんと効力を発揮できる書面にしておかなければならない。最近は行政が遺言書作成講座をやっていたりするので、行政の広報誌を確認してみてはどうだろうか。また、弁護士・司法書士・行政書士の事務所が顧客開拓のためのセミナーを開催している。地元密着型の事務所なら信頼できるかもしれない。

遺言書を用意したら、その保管場所をしっかりと記録し、人に伝わるようにしよう。遺言執行者を選定しておくとよい。そして、弁護士・司法書士・行政書士と生前契約したのであれば、緊急連絡先にその人たちを付け加えることも忘れてはならない。重要なのは一にも二にも「他人に遺志を確実に伝える」算段だ。それさえ整えておけば、なんとかなるだろう。

【ポイント】

1. 入るお墓を考えておく。親族の墓に入るなら、その墓を世話する家の人たちにしっかりと話を通し、打ち合わせしておく。
2. 散骨など自然葬を選んだ場合は、実行してくれる人としっかり打ち合わせしておく。生前契約した場合はその業者を緊急連絡先に入れておく。
3. 遺言書を用意する場合は保管場所を明記しておく。また、遺言執行者を緊急連絡先に入れておく。

遺品整理がわからない

次は「遺品」および「生活の痕跡」の後始末である。

これもまた、情報収集から始めなければならない。

いやはや、独り者の安楽を求める死に準備とは情報収集との闘いと見つけたり、だ。

よほどのミニマリストでもない限り、遺品は必ず発生する。

これをどう始末するか。

見栄っ張りであるがゆえにフィニッシュはきれいに決めたい私のような人間にとっては大変重要なポイントだ。まったく手当て無しのままこの世からトンズラを決め込むと、必ず誰かの手を煩わせてしまう。その結果、死後に「門賀さんって本当に困った人よね。自分の始末ひとつつけられないなんて」などと陰口を叩かれようものなら、死んでも死にきれない。名こそ惜しけれ、なのだ。

現状、私の家を見渡す限り、生活必需品の量は常識的な範囲に収まっている。ものが少ないがゆえに各部屋もそこそこ片付いていて、さっぱりしたものだ。おそらく、遺品整理の業者に片付けをお願いしたところで、最低料金に限りなく近い金額でお願いできるだろう。

奴らさえ、いなければ。

そう、私には極めて厄介な同居人どもがいる。

私の稼ぎの大部分を食い尽くし、時には引っ越しを余儀なくされるほど無限に増殖し続ける奴らが。

その仇敵《かたき》の名を〝本〟という。

世間では「本は一冊見れば三十冊あると思え」と言うが、こいつらはとにかくかさばる。増えれば増えるほど物理的に収納場所を確保しなければならない。さきほど拙宅にある家具を数えてみたところ、半数以上が奴らの住処だった。今、拙文を書いているこの部屋にしたって、首を巡らせれば前後左右すべての面に奴らがいる。うんざりである。うんざりだが、奴らがいなければ食っていけない。私の稼ぎのほとんどは、奴らの助けなしに得られないのだから。

蔵書家の中には一度買った本は絶対売らない、または電子書籍断固拒否の右派もいるが、私のスタンスはそれとは真逆。近頃は小説や漫画の類いは電子書籍での購入が主になったし、年に一度は蔵書を見直し、適宜寄付に出すなり売るなりしてできる限り増殖を防ごうと努力している。

だがしかし、それにも限界がある。

まず、電子書籍というのはあくまでも閲覧使用権の購入に過ぎない。もし提供している企業が電子書籍ビジネスから撤退すれば、途端に購入した書籍はすべて読めなくなる。そこが現物購入との大きな違いだ。

おそらく、一般的な読書家であれば、このシステムでもそう大きな不足はないだろう。だが、私はそうはいかない。大事な商売道具が、「もしかしたら読めなくなるかもしれない」なんていう不安定な状態にあっては困るのだ。

おまけに閲覧には必ず電力が必要だというのも、東日本大震災やら近年の大型台風を経験している身としては大きなリスクに映る。

よって、資料本はやはり現物購入を選ばざるを得ない。また、資料系の本ほど電子化されないという事情もある。その上、たいてい少部数しか刷られず、すぐ絶版になる。だから、喫緊の必要性はなくとも、とりあえず買っておかなければならない。そして、買ったが最後、絶対に売ることはできない。また手に入るとは限らないからだ。

こうして、どんどんどんどん、どんどんどんどん増えていく。

もううんざりである。

コレクター気質が欠片《かけら》もなく、むしろ厳選したお気に入りだけを手元に置いておきたいタイプの私としては、単なる蒐集は全く歓びではない。真に愛する本を三百冊ほど、つまり大きめの本棚一つ分ぐらいにしておくのが、本当は理想なのだ。

物体として愛でたいほど美しい本というのは確かにある。けれども、中身があれば十分という造りの本も多い。最近はほとんどがそうだ。造本が後者で、かつ資料として使うことはないのであれば、死蔵するより世間に返して誰かの目に留まる方が本にとっても幸せだろう、というのが私のスタンスだ。いずれにせよ、本はあの世に持っていけない。どこかの時点で減らす方向に舵を切る必要がある。

私の場合、物書きを引退する時がその「時点」になるのだろう。だが、定年のない仕事ゆえに、踏ん切りをつけるのはきっとかなり難しい。今のところ、七五歳まで生きていたら、その辺りからは確実に減らしていこうと思っている。たぶん、それ以降は、よほど強健かつ気力が充実した超人でもない限り、多くの資料を必要とするような仕事はできないだろうと思うからだ。私みたいな気力体力時の運すべてが平均ちょい下ラインの人間にはまずもって無理である。仕事ができないなら、仕事の資料は必要ない。

問題はその頃、資料系の書籍を買い取ってくれるような古書店が残っているかどうか——というより古本の流通システム自体が残存しているかどうか、だ。

現在、古本市場はすでに飽和状態にある。よほどの稀覯書《きこうしょ》でもない限り、公共図書館などに寄付を申し出ても断られるだけだ。いや、稀覯書だって最近は受け取ってもらえない。それを適切に管理保管するだけの予算と人員が図書館に与えられていないためである。司書不在の図書館が本の価値を正しく評価できないのは仕方あるまい。文化施設をそんな憂き目に遭わせているのは、誰あろう我々有権者である。

一方、古書店も大手チェーンは基本「本の価値」を「発行年」でしか見ない。つまり、新しい本は高く売れるが、古い本はタダ同然、あるいは本当にタダになる。単純に本の処分だと割り切ればそれでもよいだろう。だが、やはり価値をきちんと認めてくれるところに売りたいのが本好きの人情というものだ。

とはいえ、価値ある本が一円二円の値をつけられ、若い人、あるいはそれを真に役立ててくれる人の手に安く渡るのであれば、それはそれで社会貢献になるかと思ったりもする。

色々と考えるうち、結局愛着あるものは正しく価値評価してくれる古書店に、そうでないものは大量引き取りＯＫの大手に、というのが落とし所であるように思えてきた。

さて、そうなると「正しく価値評価してくれる古書店」を早めに見つけておく必要がある。

望ましいのは、車で一時間以内ぐらいの距離にあり、若くて目利きの店主がいるような店だ。現在からおよそ四半世紀後に三百冊近くの本を適正価格で引き取ってもらうのであれば、この条件は不可欠だろう。

問題は、そんな理想的な古書店があるかだが……。これは地道に探すしかあるまい。なければより理想に近いところを見つけるまでだ。とりあえず、地元の古書店に通ってリサーチを開始しよう。うっかり大量の本を買うなどして木乃伊《ミイラ》取りが木乃伊にならないように気をつけながら。

よし、これで遺品整理の方針は立った。

普通の遺品は、生前に契約しておいた遺品整理業者に任せる。あるいはこれという業者を見つけ、そこに依頼するよう書き残しておく。

本は古書店にお願いする。買取金は、手続きを代行してくれた人に手数料として受け取ってもらう。

ひとまずはこれでよし。早速エンディングノートに書いておこう。

身一つで生まれてきた私たちは、死ぬ時もまた身一つで逝くしかない。

バブル期に大金をはたいて買い漁ったゴッホやルノワールの名作絵画を「死んだら一緒に焼いてほしい」と言って世界中から大顰蹙《だいひんしゆく》を買ったコレクターもいたが（遺族の言によるとあくまで軽口だったそうだが）、一緒に焼いたところであの世に持っていけるわけではない。

所有は生きているからこそ意味がある。所有欲が生活を狂わせるのであれば、無意味どころか害になる。多くの蔵書家に悪魔の所業の如く忌み嫌われている「断捨離」や「こんまりメソッド」だって、私は正しい方策だと思っている。

SNSなどでは時折、家族が勝手にコレクションを捨てたと憤る声が流れてくるが、もしまともに整理整頓もせず、ホコリまみれのまま、家の邪魔モノになるまで放置していたのであれば、捨てられて当然だ。大事なのであれば、そうとわかるように管理し、家族に嫌がられないようにしておけ、という話である。

それに、どうせ死んだら捨てられる。集めたモノたちに愛情があるならば、最初から行く末をきっちり決めておくべきだ。手放し時を見失ってはならない。

愛着は生活を豊かにするが、度が過ぎて執着に化けると物心両面で人生を損なう原因となる。

幸せなんて主観的なものなんだから、本人が良ければそれでいいじゃないか。

そう開き直る向きもあるだろう。

もし、完全に一人で生きているのであれば、その理屈も成り立つ。

だが、多くの人は家族とともに住み、空間を共有している。もし、コレクションが家族共有の空間や財産を侵食、あるいは生活上の阻害要因になっているのであれば、当人の幸せだけで話は済まない。

独り者にしても同じ。生きている間はともかく、死後は誰かに後始末をしてもらう必要がある以上、その誰かの負担が減るように按排するのは独り者人生を全うする上での義務のようなものだ。

負担減のためには、どこかの時点であらゆるものを捨て始めなければならない。

それは人生で溜め込んできたあれこれを、一つ一つ削いでいくことに等しいのだと思う。

私の大叔母は、八十歳を過ぎた頃から身辺整理を始めた。それはもう徹底した見事な整理ぶりだ。元々きれい好きで、やることがなければ掃除ばかりしているような人ではあったが、今では部屋に生活上必要なものだけが整然と置かれていて、死後必要となる書類などはファイルにひとまとめにし、遺族がすぐに取り出せるように整えてある。

「これだけしてあったら、いつ何があっても大丈夫やろ？」

そう私に笑いかけた大叔母の顔は、晴れやかだった。年齢が年齢だけに認知症も出て、必ずしも穏やかな時間ばかりを過ごしているわけではないが、少なくとも後顧の憂いを一つ自力で断てた事実は、ある種の「老いの自信」を大叔母に与えたのではないかと思う。

私自身、今やっている「死に方探し」にある程度目処《めど》がつけば、自然と「老いの自信」を得ることができるんじゃないかなという気がしてきている。老いの自信は、老化して衰えていく一方である今後の人生に灯る明かりになるだろう。そして、その明かりがあれば老化に別の意味を見出すことができるかもしれない。いや、そうしたい。

死に支度は老い支度であり、老い支度は生の肯定である。

ちょっとかっこよく締めてみたが、どうだろうか。

財産処分がわからない

遺品整理の次は財産処分だが、私にはあんまり縁のない話なので、この辺りはさらっと触れるだけに留めたい。

財産は不動産と動産に分けられる。

不動産は、土地およびその定着物（要するに建屋）を指す。それ以外の物はすべて動産であると民法上定められている。

不動産は登記して初めて権利を主張できるようになる（ただし、法定相続分は登記不要）。一方、動産は合法的に取得すればその時点で所有権が認められるのが最大の違いであるそうだ。

ゆえに、宝石や絵画のような動産は「形見分けです」と譲渡すれば、その時点で所有権は移動する。一一〇万円以下の場合は非課税だ。それ以上の価値がある物品を形見分けする予定がある豪気な方は、一念の為税制をお調べください。私にはまったく縁がない話ですので、調査に労力を割くことは控えたいと存じます。

なお、不動産／動産を問わず相続した一切合財の価値が最小で三六〇〇万円までは無税だそうな（二〇二四年十月現在）。なぜ「最小」かというと、相続人の人数によって無税の範囲が変わるからで、該当しそうな方は事前に調べ、相続させる相手がいる場合は事前に打ち合わせをしておいた方がよさそうである。

なお、相続人がいない不動産は、異議が出なければ一年ぐらいの手続き期間を経て最終的には国庫に入る。つまり、お国に召し上げられてしまう。そうなるぐらいなら、独り者はある程度の年齢でさっさと売り払って、介護付き老人ホームにでも入った方がよいのではないかと思うが、いずれにせよ私には関係ない話なので（しつこい）さくさく先に進もう。

あ、でも、これだけは。

近頃、終の棲家にしようと大枚はたいて入居した介護付き老人ホームが経営破綻し、老境にいきなり「家」が失われてしまうケースが発生しているそうである。

十年単位の長期間にわたる契約の場合、社会状況の変化などでこのようなリスクがあるのは念頭に置いておくべきだろう。他の生前契約もまた然りだ。

契約は相互に信用がないと結べないわけだが、法人はトップによって簡単に体質が変わる。契約した当初は〝いい会社〟だったとしても、何かの拍子に経営難になったり、交代した経営者がロクでもなかったり、あるいは悪意あるファンドの乗っ取りにあったりして、質がドンと落ちてしまう可能性もある。

昨今では不景気が長く続き、かつ新自由主義の風潮が広く蔓延《はびこ》ってしまったせいで、

「社会責任」という概念が頭からすっぽり抜けてしまっている経営者も散見する。要するに儲け主義ってやつだ。少なくともバブル前まで「儲け主義」は悪しき商習慣の象徴として語られていたように思うが、儲け主義全盛からジリ貧の失われた二十年を経て、今では商道徳自体最初から知らないような会社が少なくない。ブラック企業がこれだけ蔓延しているのがその証左である。

社会は信用なくして成り立たない。しかし、様々な社会状況が個人／法人を問わず「相互信用」を難しくしている。いやはや、末法感バリバリである。

次の項目なんかはさらに「相互信用」がものをいう。

パソコンやスマホといったIT端末の処分だ。

これらは個人情報の宝庫であり、プライバシーの塊である。よって、死後はデータを抹消するのが望ましい。だが、その作業は誰にしてもらえばいいのか。

一番安心なのは、信頼できる家族友人知人だろう。だが、親しいからこそかえって頼みたくないかもしれない。誰だって見られては困るものはあるはずだ。裏表あってこそ人間だもの。まあ、私はありませんけど。

高齢者であればヘルパーや後見人に任せるという手もあるかもしれない。だが、これも上記と同じ理由で避けたい場合もあるはずだ。なお、この人たちは基本的にサービスを提供していた人の死によって任務が終了する。よって、死後の手続きに関わる筋合いはない。なので、もしお願いするとしたら「個人的な厚意に頼る」ことになる。引き受けてくれるかどうかは生前の自分の振る舞い次第だ。また、信用に足る人でないと、データを悪用されるかもしれない。人品を見極めた上で依頼せざるをえないが、これまたなかなか難しいものである。

となると、やはりこれも業者に頼む、ということになる。「パソコン　データ消去」でネット検索して調べてみると、業者はいくらでも見つかる。だが、やはり数万円の費用は必要になる。多めに見積もって十万円というところか。また予算計上しなければならないのも、なんだかなあ、である。

結局のところ、これも道は三つだ。

一、心から信用し、任せられる人間を事前に探しておく。
二、業者に頼むために予算を用意しておく。
三、自分でとっとと処分しておく。

三については、たとえば余命がある程度わかる状態ならば可能だろう。私の場合、現在は仕事用のタワー型PCとバックアップ用のハードディスクを複数、タブレット端末、そしてスマートフォンを所有しているわけだが、死の間際まで契約しておかなければならないのはスマートフォンぐらいだ。スマートフォンは契約解除の際にキャリアのショップに持っていけば物理破壊してくれるので、信用できる誰かに託すしかない。他の端末は、自分の体が動くうちにどうにかしておけばいい。

もしくは「死んだ後に何が出てこようが知ったこっちゃないわ。どうせ死んでいるんだし」と開き直る手もある。他人様に迷惑がかかるようなデータだけ消去しておけば、これはこれでありかもしれない。もしかしたら、物書きの性《さが》としてギリギリまでなにか書きたいと願うかもしれない。その時はその時、ライティング専用の端末を新たに用意すればいい。古いものはすべて捨ててしまう。それでいいではないか。

一方、急死の場合はやっかいだ。

私の場合、母より先にあの世行きになったら母に託すしかないが、彼女に業者探しや手続きやらを一からしてくれというのはあまりに酷である。というか、たぶん無理。なので、やはりここはエンディングノートに細かく指示しておくしかない。

現時点では、やはり業者処理が望ましいということになるので、これまた適宜探して連絡先を明記しておくことにしよう。ただし、明記すれば終わりではない。一年に一度ぐらいは、その業者がまだ事業を継続しているか確認しないと、いざ頼む段になると廃業していましたってなことになりかねない。エンディングノートも定期的な見直しが必要だが、その際には業者一覧も再チェックした方がいいだろう。

いずれにせよ、準備としてはこれまで見てきた他の諸々と同じで、何をどうしたいか、明確にしておくしかない。

最後に、長生きした場合——私の場合だとあと三十から四十年も生きることになってしまうケースだが——これはもう考えるだけ無駄である。なぜならこの分野は日進月歩。十年後でさえスマートフォンが現在のような形のままかどうかすらわからない。ウェアラブルデバイスどころか、体内埋込み型が当たり前になっている可能性もある。そうなると、死亡が感知されれば即座にプライバシーに関わるデータは消去できるシステムもできあがっているだろう。あるいは消去されずにネットの海をゴーストとしてさまようかもとか、SF的なことを考え始めるときりがないのだが、とにかく今とは随分違った形になっているはずだ。だから、今は当面の物理処理のみ考えておけばひとまずOKである。

お金の始末がわからない

さて、次は預貯金や有価証券など、お金に関する後始末だ。
お金。
苦手である。

昔から金勘定ができなかったし、今でもあんまりできない。

そもそも計算が苦手なことハクション大魔王の如し、である。子供の頃、おつかいを頼まれても文字通りガキの使い。買った物の値段やお釣りをいくら貰ったかなんてことにはまったく無頓着で、母からはよくアホの子扱いされたものだった。

いいだけ大人になった今だって、状況はあまり変わっていない。どんぶり勘定は幾分収まったものの、真面目にお金と向き合うようになったのはつい数年前からだ。想定外の、避けようのない出費が発生し、預金や株式売却によって資金を捻出した結果、すっからかんになってしまったのだ。

そのせいでさすがに自分の老後資金に大きな不安を持ち、ようやく管理を強化しはじめた。しかし、未だ火の車は我が家から去ろうとせず、ずっと燻《くすぶ》り続けている。

預貯金があるから老後は心配していない、という諸氏。人生なにがあるかわかりませんよ。思わぬ落とし穴はいつでもあなたを待っています。死ぬその瞬間までゆめ油断召されますな。

とにかく、そんなわけで私にはお金がない。ゆえに「私、お金なんかないからこの項目はパス！」で済まそうかとも思ったが、ここでスルーしては己の貧乏を容認することになり、結果として一生貧乏が固定してしまうのではないか。そしたら餓死だってしかねない。

そんな気がしてきた。

逆引き寄せの法則、みたいな？

よって、気を取り直し、まじめに「お金周りの始末」に向き合うことにした。きちんと考えるので、お金の神様、このワタクシメに（お金の）祝福を！


まずしなければならないのは、金融周りの正確な把握だ。

いわゆる終活を解説する書物やサイトにおいては、これらの情報は一覧にしておくよう強く勧めている。普通預金なら通帳が見つかれば問題ないだろうが、古い定期預金や株式、投資信託などは本人しか把握していないなんてざらだろう。ボケてしまえば自分でもわからなくなるかもしれない。ゆえに、頭がしっかりしているうちにまとめておけ、ということらしい。

リスト化しておくべきは、だいたい次の項目だ。

・金融機関名と口座番号
・契約しているクレジットカードの社名とカード番号
・掛けている保険の種別と受取人名
・株式／投資信託先

・債権／負債

リストアップできたら、それらの後始末の算段に入ろう。

「お金周り」も不動産同様、法定相続人がいなければ定められた手続きを経て、最終的には国庫に入ることになる。それが嫌なら最初からお金の行き先を決めておかなければならない。遠縁にあげるもよし、ここはという団体に寄付するもよし。決めたら遺言状を作成し、遺言執行者を決めておく。法定相続人がいる場合でも、やはり同じ手続きを取っておくほうがスムーズなようである。

だが、当然それにはお金がかかる。遺言執行者として適切なのは弁護士や司法書士、行政書士といった士業の人たちだ。ただし、それぞれができる業務の範囲に限りがある。

もし、自分の相続関係にややこしいこと（実は認識していない子供がいそうとか、腹違いの兄弟姉妹が突然現れそうとか）が発生する気配があるなら、弁護士にお願いするのが一番なのだろう。ただ、弁護士ともなれば数十万円単位だ。結構辛い。辛いがこればかりは仕方ない。金、金、金の世の中なのだから。

しかし、お金がかかっても専門家に依頼する効果は絶大である。私は、それを父がやり残した後始末をあれこれする際に実感した。一番の効果は精神的負担がどっと軽くなることだった。一億から十になるレベルで減った。最初は何もかも自分でやるつもりだったが、今では弁護士さんにお願いして本当によかったと思う。

そして、弁護士に繋がれたのは、成年後見制度利用のためにお世話になった家庭裁判所の担当者が必要な支援を提案してくださったから、そしてそれを素直に受け入れたからだ。もし「自分たちのことは自分でやります！」なんてつまらない意地をはっていたら末路は悲惨だったはずだ。

一般的にはまだまだ知られていない公的支援はたくさんある。自分の手に余るならば、遠慮なく行政や支援ＮＰＯに相談し、アドバイスに従うこと。差し伸べられた手は振り払わないこと。その重要性を学べただけでも、苦労のしがいがあったのかもしれない。

とはいえ、弁護士費用も捻出できないほど貧乏であれば相続の心配は不要だろう。莫大な借金をしていて、それが法定相続人にかぶってしまいそうとかいうなら別だが、本書では法定相続人なしのケース（つまり私）のみを対象としているので、ひとまず考えるのは止《よ》しとする。

なんにせよ、算段するにはまずは自分がどこにいくら持っているのかを把握しておかなければならない。

財産をしっかり把握し、それらの行き先を決めておくこと。

そして、それを明文化しておくこと。

これは何も独り者に限った話ではない。相続関係を曖昧にしたまま亡くなったせいで、親族が骨肉の争いに、なんて話はごまんとある。それを防ぐのは、死者が遺せる最後の思いやりなんじゃないかと思う。
私の場合、相続人がいないわけだから、もし幾ばくかの財産が残るようなら、どこかの団体に寄付するのがベストだろう。するとしたら子供の福祉や育成に関わっているNPOなんかがいいな。子供がいない分、未来の人にちょっとでも役に立てたら、これほどうれしいことはない。……なあんて、寄付するほど遺せないのはほぼ確実なのだが。それどころか借金が残ったりして。あんまり考えたくはないが、まったくありえない未来でもない。そうならないよう鋭意努力はいたしますが、如何せん人生は暗夜路を行くが如きもの。望むようには参りません。胸を張って死んでいけるようできる限り力を尽くしますが、及ばなかった場合はどうぞ平にご容赦くださいませ。未来にいるかもしれない債権者に、先に謝っておきます（突然の弱気）。

【ポイント】

お金の後始末に関しては次の三つが方針として想定される。

1. 信頼できる人に頼む。
2. 有資格者に頼む。

3. そ知らぬ顔を決め込む。
なお、まともな社会人として3はあんまり推奨しない。

死後事務委任契約がわからない

さて、あるかないかわからない、むしろない可能性の方が断然高い相続の話はいいとして、次は解約手続きなどを誰にしてもらうかを考えておかなくてはいけない。

私の場合、将来的には三親等以内の家族がいなくなるので、家族以外の誰かに頼むしかない。だが、頼んでおいたところで、正式に死後事務委任契約を結んでおかなければ、その人は手続きできない、もしくは大変苦労することになるだろう。

と、いきなり「死後事務委任契約」なる言葉が飛び出したわけだが、これはなんぞやというと、読んで字のごとく、死後に発生する事務作業を委任しておく契約である。

つまり、これまでも度々話題にしてきた「死後の諸手続きをやってくれる人」を法的に定めておく制度だ。

そんなもの、今までスルーしていたくせに、なんでここにきて急に出てきたの？ と思うかもしれない。

理由はある。

他の諸々と違い、お金関係は「家族縛り」が特に厳しいからだ。正確にいうと「公式に認められる手続き可能者縛り」がきつい。公式に認められる手続き可能者とはつまり正式な相続人、つまり法定相続人か、効力のある遺言書で指名された相続人のことだ。それ以外の者がやろうとすると、大変厄介な手続きが求められる。

だが、「死後事務委任契約」を正式に結んでおけば、委任された人は法的根拠のある代行者となるので、諸手続きはスムーズになるし、面倒ごとも起こりづらくなる。

正式とは公正証書化を意味する。公証役場に行って、公証人に書面を作ってもらうのである。そこまでしないでもと思うかもしれないが、何事も一番堅いところを選択しておいた方が、後々のあらゆるコストが安くつくものだ。ケチるとあとで損をする。小に因りて大を失う、だ。


受任者、つまり死後事務を引き受けた人は、これまでつらつら書いてきた諸々の手続きのほか、
・公共料金、病院や施設の利用料など、未払い料金類の支払い及び利用停止手続き
・健康保険、介護保険、年金などの公的サービスへの諸手続き
・銀行口座の閉鎖およびクレジットカードなど各種カード類の解約手続き

・遺産の処分や生命保険の手続き

などができる。要するに、死後に発生する一般的な手続きに関してはほぼオールマイティの存在になるのだ。もちろん、生前にきっちり話を詰めておけば、の話だが。

死後事務の受任者は特に資格を定められていない。つまり、親族以外や特に資格がない人でも契約することができる。また、NPOなどの法人も可である。

だが、私が一番お勧めするのは「社会福祉協議会」だ。

社会福祉協議会（略して社協）とは福祉活動の地域センターの役目を果たす機関で、都道府県や市区町村に設置されている。民間組織ではあるが、公益を目的とする非営利の団体で、社会福祉法に基づいて設置されるので公的な色合いが強い。また、行政の福祉課などと協働することが多い。半ばお役所みたいなものだと私は理解している。

そんな社協で最近、死後事務委任契約を引き受けるところが増えてきているのだ。預託金が必要だったり、利用条件があるなど、誰もが気軽に手を出せるわけではないが、もし制度があるなら利用を検討するといいだろう。

まずは自分の住んでいる行政区の名前＋社会福祉協議会でネット検索し、情報を調べてみるといいと思う。ホームページなどで見つけられなくても、直接電話をすれば教えてくれるだろう。もし、制度がなかったとしても、相談に乗ってくれる可能性が高い。

社協がダメなら、市の福祉課だ。これもまた相談に乗ってくれる可能性が高い。

なお、横須賀市の場合はひとり暮らしで頼れる身寄りがない低所得高齢者のみ、市が死後事務委任の仲介をしてくれる。215ページで触れた「エンディングプラン・サポート事業」だ。

葬儀・納骨については、低額で生前契約を受ける協力葬儀社の情報を提供してくれるそうだ。契約は各業者と交わすが、契約がきちんと実行されたかは市が責任をもってチェックしてくれる。また、死亡届出人の確保について提案がある。事業としてやるのはここまでだが、他のことも相談には乗ってくれるだろう。公ゆえやれることとやれないことはあるだろうが、老境に至って信用できる相談相手がいるのは何より心強い。

ここまでやっている行政はまだまだ少ないが、今後は増えていくことだろう。行政がちっとも動きそうにないなら、議員を通して陳情してみるのもいいかもしれない。

公的機関に相談とか苦手で……、というあなた。

なに、怖いのは最初だけだ。一度やってしまえばどうってことはない。悪事と一緒である。私は悪事なんかしないから、知りませんが。

とにかく、臆することなく相談、相談、また相談。

ぼっちがきれいに死に逝くには、それしかないのだ。

私のように早いうちから準備を整え出す人もいれば、余命宣告を受けてやっと腰を上げる人もいるだろう。死ぬとわかっていても何の準備もしない、したくない人だっているかもしれない。どれを選ぶかはあなたの人生観と経済力次第、ということになる。人生観とはいきなり大きなテーマに直結させたなと思われるかもしれないが、人生の閉じ方（綴じ方ともいえる）が人生観と無関係なはずがない。

「そ知らぬ顔を決め込む」を選んでも、なんとかなるといえばなる。

支払いについては、毎回現金で振り込んでいたならば振り込む人間がいなくなったわけだからそれまで。口座振替の場合、指定口座が凍結されなければ、お金がある限り勝手に引き落とされていくだけだし、残高がなくなれば、あるいは口座が凍結されれば支払われなくなる。

支払いが何ヶ月も滞った時点で各機関は督促状などを出すだろう。それへの「返答なし」の状態が続けばやがて調査が入り、最終的に債務者が死んでいることが発覚する。そこからは、各機関が定められた法あるいは内規に従って手続きを取るだけだ。訴訟を起こそうにも相手は死んでいて、かつ相続人がいないのだから取り立ては不可能なわけで、取りっぱぐれは貸倒損失とかなんとかの税務処理をされて終了、だろう。

自分の死後のことなんてどうでもいい、後は野となれ山となれ精神の持ち主であれば、これでオールオッケーである。

ちなみに、パスポートや運転免許証などの公的証明書はそれぞれ所轄の役所に返納することになっている。だが、期限が切れれば自動的に失効する。返さなくても罰則があるわけでもない。というか、そもそも所持者は死んでいるんだから、罰の受けようがない。返納義務があるのは悪用を防ぐためだが、そんなの気にしないというのであれば問題なかろう。なお、マイナンバーカードは返納義務すらない。ゴミと一緒に処分してもらえばいいのだ。

そういうわけで、企業や公的機関、そして社会に迷惑をかけることに一切ためらいがなければ、独り者はこの辺りを放置しても案外大丈夫そうだ。だが、私は「フィニッシュは美しく」派なので、やはり事前準備をしておいた上で、誰かにちゃんと後始末してもらいたい。

個人の未払い料金を取りはぐれたところで、大企業であれば小さな傷に過ぎないだろう。しかし、小規模な会社や個人事業主であれば事業存続へのインパクトは小さくないかもしれない。お金を回収できなかったせいで経営が傾き、経営者や従業員、そしてその家族の人生が大きく狂ってしまう可能性だってある。

運転免許証やパスポートも、悪人の手に渡って偽造証書の材料となり、それが犯罪に使われて大事になるかもしれない。テロリストの手に渡り、一度に数百、数千の命が奪われるような大規模テロに使われることだってある。自分がだらしなかったせいで、巡り巡って数多の人生が破局する事態が勃発するかもしれないのだ。

まさか、そんなオーバーな、と思うかもしれない。だが、大きな出来事とは、偶然も含めた小さな出来事がいくつも積み重なった末に出現する〝結果〟だ。何があってもおかしくないのが人生であり、社会なのだ。逆に言えば、貧者や弱者を小と見て、手を貸さないで放置した末、治安が悪化してしっぺ返しを食らうのも社会である。そうした前提に立って、できる限り変事や凶事の発生を防ごうとするのが法であり、制度であり、規範や規則だ。

死後手続きにしても、思ってもいなかった事態の発生を抑えたかったら準備しておくしかない。繰り返しになるのでくどくど述べはしないが、やはり信頼に足る相手と死後事務委任契約をしておくのが最善手だろう。

私の場合、母が存命であれば母に後始末を頼む。

母の実務力が衰えてきたら、いとこか友人に頼む。この際は公正証書を作る。

いとこや友人のサポートが不可能で、かつ自分自身が高齢者になったら行政の制度を（利用できそうなら）利用する。

よし、ここでも三の矢まで整った。なんとかなりそうだ。

【ポイント】

1. 死後の諸手続きを任せる相手と死後事務委任契約を結んでおく。
2. 死後事務委任契約は公証役場で公証人に書面を作ってもらう。
3. 書面にできるよう、やってもらうべきことを事前に整理しておく。

やることがごちゃごちゃ多すぎてわからない

さて、残りは次の通りだ。

1. ペットや観葉植物の譲渡
2. 必要な相手への訃報連絡
3. SNSなどのアカウント停止

三つ目の「アカウント停止」は知らぬ顔の半兵衛でお茶を濁せる。ただ、これも悪用の可能性はある。できれば消しておくに越したことはない。

死後もネット上になんらかの存在感を遺したいのであれば、FacebookやInstagramなどが提供する「追悼アカウント」制度を利用すればいい。もちろん、これも死後、申請してくれる〝誰か〟が必要なわけだが。

二つ目の訃報連絡も、人としての礼節を考えると、した方がいいのだろうが、必須とまではいえない。黙ってそっと世界から消えていくのも悪くはない、かもしれない。なんか、カビの生えた〝男の美学〟的な感じで。

だが、一つ目。

「ペットや観葉植物の譲渡」。

これだけは絶対になんらかの手当てをしておく必要がある。特に観葉植物。ペットは比較的後を心配する人が多いが、植物にまでは気が回らない人が多い。しかし、植物だって命だ。もし、観葉植物によって心が慰められていたのであれば、それに報いるのが人の道だ。

ペットにしても、植物にしても、一番安心なのはやはり信用のおける人に託すことである。

植物の場合、形見分けとして引き取ってもらえる確率は高いと思われる。

だが、ペットとなると少々難しい。一旦引き受ければ、手間も経済的負担もかかる。

また、動物を飼うのにためらいがない人の家には、すでに先住ペットがいることが多い。

〝遺されたうちの子〟と、お願いした相手の先住ペットとの相性が良ければ問題なかろうが、ここで躓《つまず》くケースも少なくない。それに、そもそも、引き取ってくれた人だっていつ死ぬかわからないのだ。老齢になれば、〝信頼できる人〟も自分と変わらぬぐらい先が知れている可能性が高い。

となると、この問題ばかりは「信用できる知人」より「何らかの団体／機関」に頼った方がいいのかもしれない。

実は近年、高齢化及び独居化の加速によってこの手のペット問題が社会に広く認知されるようになり、飼い主を失ったペットを引き取って新しい家族を探してくれるサービスが盛んになってきている。

一般的には「飼育支援サービス」などと呼ばれており、公益法人やＮＰＯ法人などの民間団体がサービスを提供している。運営主体は様々だが、獣医師による団体などもあるので、今すでにペットを飼っているならば一度「飼育支援サービス　高齢者」「飼育支援サービス　一人暮らし」などのキーワードでネット検索してみるといいかと思う。複数の団体が見つかるだろう。それらを一つ一つ丁寧に見ていって、「私とうちの子」に適したサービスがないか探してみるといい。高齢者でなくとも急死のリスクは誰にでもある。もし「私が死んだら、うちの子は路頭に迷う」という心配があるなら、早急にアクセスすべきだ。

ただし、これらのサービスも基本的には有料である。つまり、経済力がなければ利用できない。ペットを飼うのも金次第、なのだ。

だが、これればかりは致し方なし、と私は思う。

ペットを飼うとは命を預かることだ。たとえ虫であっても、命を癒やしや娯楽のために自己の領域に繋ぎ止めるのであれば、そのコストは負担しなければならない。負担できないならば、残念ながら飼う資格はない。

近年、犬猫の保護団体が里親の条件を厳しくするあまり、単身者や高齢者、低所得者が引き取りを希望しても拒絶されることが増え、SNSなどではやりすぎではないかとの声があがっている。

里親になるつもりのない私は議論を横目で眺めていただけだが、確かに一部の保護団体にエキセントリックとすら感じる振る舞いがあったのは事実だと思う。だが、基本的には「最後まで責任を果たす能力がない人間は飼うべきではない」という主張は正しいと言わざるを得ない。

私の家族は揃いも揃って大の動物好きで、二十年ほどの間に犬は一頭、猫は六匹飼った。鳥類、魚類も数多くいた。

猫のうち一匹は近所で貰ってきた猫、二匹は拾った猫、あとの三匹は自分で乗り込んできた猫たちである。乗り込んできたとはこれ如何に、と思うかもしれないが、時々いるのだ。「今日からここの家の猫になるので、よろしく」と自分で家を選んで来る猫が。おまけに通い猫もいたりして、常時五、六匹は身の回りに猫がいるという時期が長かった。

そんなわけで、ペットがくれる心の潤いや癒やしがいかに精神的安定にプラスになるかはよくわかっている。だが、同時に厄介事が増えることも熟知している。毎日の餌やりや糞尿の始末は言わずもがな、病気や生殖コントロールにかかる金銭負担は半端ではない。おまけに家は汚れやすくなるし、臭くもなる。

さらに人の体調に悪影響を与えることもある。私の場合、私が一番可愛がり、また私にもっとも懐いていた猫にだけ強いアレルギー反応が出るようになった。その子が寄ってくるとひどい花粉症のような症状が現れ、舐められるとそこだけ発疹が出るのである。他の猫は大丈夫なのに、その子だけだ。

これはつらかった。アレルギーが起こるようになったのは実家を離れた後だったので、毎日の生活に影響が出たわけではなかったが、もしこれが実家住みだったらかなり困ったことになっただろう。なにせ、相思相愛の仲なのだ。子猫の時に拾った子なので、私の前ではいくつになってもベイビィちゃんだったし、私だってどれだけしんどいことがあってもあの子がいれば安らげた。それでも、私の免疫反応は彼から出るなんらかの物質をアレルゲンと判断して、拒否する。何の試練だ、という話である。

そんなこんなで、コロナ禍において急激にペットを飼う人が増えたというニュースを見た時には、眉をひそめざるを得なかった。そのうち、何割がペットはただ可愛いだけではすまない存在であることを理解していたのだろうか。

かく言う私は一人暮らしになってから、ペットを飼っていない。人後に落ちない猫好きなので、飼うとしたら猫だが、保護猫を勧められても今のところ謝絶している。もし、自ら乗り込んでくる子がいたら共に暮らすのはやぶさかではないが、そうでない限り、自分から積極的に動くつもりはない。仕事柄遠方での連泊取材も発生するという現実的な事情もあるが、もう一つその気になれない理由がある。

ここまでうるさく室内飼いが求められるようになった世の中では、飼う気がしないのだ。

誤解しないでほしいのだが、現代社会における室内飼いの必要性は理解している。部屋の中に閉じ込めていたら、身の安全は保障されるだろう。長生きの確率もあがる。だが、それが猫の幸せに直結しているのかどうか。

動物の幸せなんて、動物本人に聞いてみないとわからない。おまけに個体ごとに答えは違うことだってあるはずだ。たとえば、同じライオンでも檻の中でのんびり暮らせる方がいいのもいれば、サバンナで命がけの狩りをしたいのもいるだろう。ちなみに、今実家にいる猫は完全室内飼いの一匹だけだが、時折脱走しようとする。元ノラなので血

人間がいくら「その子のため」を考えても、実際に「その子」が幸せかどうかなんて決してわからない。外に出たい一心で多大なストレスを抱えていた子が、飛び出した途端交通事故で死んでしまったとして、その子は、はたして不幸だったのだろうか。一瞬でも自由な空気に触れて死んでいくのと、ずっと外への渇望を抱えたままただ徒《いたずら》に長い時を生きるのと、どちらが幸せか。

何のことはない、この問いはそのまま自分自身の人生観に返ってくる。

幸せという、定義できそうでなかなかできない概念をとことん突き詰めていくと、結局は「本人の納得度」以外に測る術はない。

もちろん、ペットがどう思っているかなんて、誰にもわからない。彼らが幸福をどう捉えているのかもわからない。喜怒哀楽がある以上、〝幸せ〟に似たなんらかの感覚はあるだろうとは想像できるが、それらは極めて刹那的なものであって、人間の時間スケールで考える小理屈には意味がない、かもしれない。つまり、私の「ネコチャンを閉じ込めるなんてカワイソウ」も、当の猫にとってはどうでもいい、つまらない感傷である確率の方が高いのだ。

けれども、私はどうしても自分に置き換えてしまう。

著しく自己決定権を狭められた状態での長生きが、生物としての〝幸せ〟なのだろうか、と。

一般的に死は究極の不幸と考えられている。私だって誰かが亡くなれば悲しいし、お気の毒にと素直に思う。

だが、死という現象それそのものが〝不幸〟なわけでは決してない。

私たちは、漠然と「もっと生きていればやりたいことができて、楽しい体験もできただろうに」などと考えるから死即不幸と捉えてしまう。死は、それ以降なにも体験できない、つまり究極の機会損失だからだ。

しかし、言うまでもなく、実際には生きているだけでは幸せになれない。

長生きした末にとんでもない不幸に遭遇することだってある。「生きていればきっといいことがあるよ」が真なのと同様、「生きていればもっと最悪なことがあるよ」もまた真なのだ。

結局、終わりよければ全て良し、と思える状態に持っていけて、初めて「幸せな人生」は完成するのだろう。そして、「全て良し」は「トータルでの納得感」で決まるはずだ。単純に考えれば、持ち時間が長ければ長いほど体験できることや達成できることが増える。しかし、行動が制限されていれば、ただ時間だけが過ぎ、気がつけば老いていたという事態になりかねない。

もし、それで満足できる気性であれば問題ないが、そうでなければ……。

〝選べない〟状態で長生きするのがはたして幸せと呼べるのか。

死を意識すればするほど、この手の話が頭の中をグルグルし始める。

死に方を探す旅は、納得できる人生を探す旅でもあるのだろう。

とにかく、死に対する現実的な手続きはある程度調べがついた。それによって、私自身かなり不安感が薄れてきた感がある。あとは、理想的な死を迎えるまでどう生きるか、だ。

これを書いてきたおかげで、ある程度「自分はどんな死に方がしたいのか」、そして「自分の死を理想に近づけるために何が必要なのか」がわかってきた。

同時に、現代日本に生きる限り、生物学的には一人で死ねても、社会的には必ず誰かの手を借りないと満足に死ねないことも見えてきた。とんでもなく面倒な話だが、納得のいく死を迎えるためには、事前に「借りる手」の算段をしておくしかない。

どうやら「死ぬために繋がっておくべき他者」とは誰なのか、そこを明確にするのが旅のラストテーマになるようだ。

繋がっておくべき他者が誰なのかわからない

そういうわけなので、まずはここまでの旅路の整理も兼ねて、調査中に出会えた「死ぬために頼りにできそうな他者」を紹介していこうと思う……のだが、ちょっとその前に。

愚痴というか、私自身の情けない話をしておきたい。

正直に告白すると、「死ぬために繋がっておくべき他者」の必要性は連載のかなり早い段階から浮かび上がってきていた。だが、その点について書こうとしても、どうにも筆が進まなかった。有り体に言えば、気が乗らなかったのである。

これまでも何度か触れているが、私は人間関係の希薄さという意味では、現代人の最右翼にいると言っていいのかも知れない。

この先、心身ともに丈夫で自活できる状態が続く保証さえあれば、私はこれでいい。彗星のように広い宇宙を独り泳ぎゆき、時折他の惑星や彗星と出会ってはエールを送り合って、また静かに離れていく。そんな在り方が理想だからだ。

しかし、前提条件が崩れれば、私の生活はたちまち崩壊する。

世間……というか、我が国の諸制度がいちいち家族ありきで出来ているのは完全に誤算であった。

独りではスムーズに死ねない。これを見過ごしていたのは、ひとえに私が迂闊《うかつ》だったからだが、幸いにもまだ体も頭も動くうちに気づくことができた。だから、今のうちに手を打てばいい、はずである。

なのに、まだ新たな人間関係を築くことに躊躇しているのだ。

孤立を避けるためには、ある程度固定したメンバーと定期的に会う場所を持つのが一番だろう。よって、学校や職場など、何らかの社会的集団に所属している人は特に慌てる必要もない。

だが、私はそうはいかない。仕事を通じて社会とは繋がっているので孤立とは言えないが、死亡後発見が大幅に遅れる可能性がある以上、孤立に近い状態にあるといえる。

つまり、その気になって動かない限り、「腐って見つかる」未来と背中合わせなのだ。

そして、それだけは絶対いやだというのは、これまで縷《る》々《る》書いてきた通りである。

それなのに。

それなのに、動けないのである。

もちろん、まったく模索しなかったわけではない。

近所付き合いできる〝お友達〟なら地元のスナックや飲み屋で開拓するのもいいかもしれないと考え、まだコロナ騒ぎが始まる前、何度か近所の人たちが集まっていそうな店に行ってみた。もともと酒好きではあるし、そんな場での大騒ぎが嫌いなわけではない。見知らぬ人と話をするのだってまあまあ得意だ。そうじゃなきゃ、ライターなんて仕事はできない。

だが、二度三度試してみて悟った。この方法は私には向いていない、と。

そもそもしょっちゅう飲み屋に行けるほどの財力がないという身も蓋もない問題があったのだが、もし十分な財力があっても続かなかっただろう。なんのことはない、その場でぱっと盛り上がって解散、ならば楽しいが、長い付き合いを続けると考えた途端、面倒くさくなったのである。

各店でご一緒した皆さんは、気持ちのいい人ばかりだった。常連が多い店でも、すんなりとその輪に入れてくれた。とてもありがたく思っている。

だったら、その人たちの輪に入っていけばいいというのに。

いい思い出ができたら、それがいい思い出であるうちに退場してしまおう、と考えてしまうのが私のだらしなさなのだ。そうこうしているうちに緊急事態宣言が発令され、飲み屋に行く気自体が起こらなくなってしまった。

ならば一対一ではどうだろうとマッチングアプリを使ってみた。しかし、三日で撤退した。「男女問わず〝友達〟を求める」と登録したのに、マッチング対象はほぼ男性だったし、たまに当たる女性は宗教やネットワークビジネス系への勧誘が目的っぽい感じのプロフィールだったので、目的は果たせそうにないと断念したのである。

しかし、転んでもただでは起きないのが物書き魂。せっかくなので、わずかながら得た知見をひとつ皆様にご紹介したい。

それは、マッチングアプリに下心丸出しで出没する既婚男性の多さである。聞きしに勝る数だった。私のような四十代卒業ギリギリ前(当時)の女でも言い寄ってくる既婚男性がウヨウヨいたのだ。

登録年齢は一切ごまかさず、顔写真も出していたので、若い女と勘違いしたはずはない。それでも「お食事に行きませんか？　既婚ですけど」「ドライブに行きませんか？　既婚ですけど」「お酒を楽しみませんか？　既婚ですけど」「お付き合いしませんか？　既婚ですけど」が山ほど来たのである。

当然ながら、こうした人たちは即座にブロックした。倫理観が怪しい人間と、たとえ友人としてでも付き合えるはずがない。未婚と嘘をつくよりはマシなんだろうけど、本当に一体何を考えているのだろう？　どっか行きたかったら嫁と行けや嫁と、である。世の既婚女性の皆さん、「うちの人だけは大丈夫」だなんてうっかり信じたら駄目、駄目、駄目駄目駄目よ、ですよ。まじで「駄目だコリャ、次行ってみよう！」で終わったプランだった。

次の手段として考えたのは、なんらかの社会活動の団体にボランティアとして参加することだった。これなら変な目的の人はいないだろう。いたとしたって稀なはずだ。というか、動機が不純な私が一番変な人だ。だが、これも長引くコロナ自粛で機会が失われてしまい、そのままになっている。

それに、こうした団体では常にオープン・マインドでいることを求められることだろう。それは私にとっては少々苦痛だ。自慢じゃないが、差し障りのない会話はできても、胸襟《きょうきん》を開いた人付き合いは大の苦手なのである。黙って作業をしていればいいボランティアならともかく、「みんなで一緒にやりましょう！」みたいなノリを求められたら、絶対に「ごめんなさい！　おととい来ます！」と走り去りたくなるのは目に見えている。

そもそも、みんなで心を一つにして！　の体育会系が、私には大層つらい。声を揃えてスローガンや標語を唱えたりするのは虫唾《むしず》が走るレベルで嫌いである。ダンスも、パラパラみたいにみんなで同じ振りをするのはうんざりだ。これでも人類なのかと疑いたくなるほど、集団行動が苦手なのである。

そんなわけで、新しい人間関係の構築方法だけはまだまだ見いだせそうにない。不徳の致すところここに極まれり、である。読者の皆様には不甲斐なさをお詫び申し上げるしかないが、私に「温かな人の輪」を模索するのは無理でした。ごめんなさい。

お金の相談相手がわからない

この連載を始めるきっかけの一つだった「死に際の意思表示とそれを確実に実行してもらう方法」の模索は、ある程度目処がついた。

私の心は少し軽くなった。

よいことである。

だが、軽くなる一方で、なんとなく薄目でやり過ごしてきた死を巡る「シビアな現実」をいよいよ直視せねばならなくなってきた。

今度こそ、こいつとがっぷり四つに組んで対峙しなければならない。

そいつの名は「お金」。

現代社会を生きる上で絶対に無縁ではいられないし、こいつのために泣きもし、笑いもする。誰もが愛憎相半ばする複雑な思いを抱えているのではないだろうか。

かく言う私は、お金を愛している。

とてもとても愛している。

こんなに愛した人は他にはいない、というほど愛している。

だが、この思いは永遠の片恋に終わる運命らしい。彼らにとっての私は来ては去りゆく通過点に過ぎないのだ。「これ小判　たった一晩いてくれろ」と詠んだ江戸時代の見知らぬあなた。お気持ち、本当によくわかります。

とはいえ、私だってただ指をくわえて見ているだけではない。

今宮戎《いまみやえびす》でガンガン銅鑼《どら》を鳴らしたり、銭洗弁財天《ぜにあらいべんざいてん》で高速アライグマのように小銭を洗ったり、石山寺で授与された大黒袋に預金通帳を保管したり、とにかく涙ぐましいまでの神頼みをしている。それでも、お金の神様は一向に振り向いてくれない。なんでこんなにつれないのだろう。

でもいいの。みおこ、グチは言わない。

気を取り直して、例のごとく関連するデータをチェックしてみよう。

お国のエラい人が言うには、人ひとりが〝安心の老後〟を迎えるために必要な資金は最低でも二千万円ってとこらしい。

はあ？　なんですって？　って話だが、まあ現実としてそうなのだろう。暮らしていけるだけの年金をもらえるのは団塊世代まで、それ以下はどんどん厳しくなり、団塊ジュニア世代である私なんかは「悠々自適の年金生活」なんてプランは最初から許されていない。

一方、金融広報中央委員会（お金関係の宣伝や啓蒙活動をやっている公的機関）が二〇二一年一月に発表した「二〇二〇年　家計の金融行動に関する世論調査」によると、いわゆる投資などを除いた預貯金、なにかに備えて貯めているお金の平均額は、単身世帯で六五三万円なのだそうだ。

あら皆さんけっこう持ってらっしゃいますのね、と顔が引きつりそうになるが、中央値となるといきなりドンと下がって五十万円になる。

要するに、持っている人は持っているけど、持っていない人は持っていないのだ。貧富の差がデータにはっきり現れている。全く以てトマ・ピケティ氏の言う通りだ。やっぱりここは一発、格差反対の社会運動にでも参加するべきなのかもしれないが、ひとまず脇に置いておこう。優先すべきは自分の懐である。

さて、このデータに従って、差し障りのない範囲で私の貯蓄状況を公開すると、平均値ははるか頭上に影も形も見えず、中央値には遺憾ながらとても親しみを覚える、というところだろうか。

だが、お金がなければ私が望む「きれいなフィニッシュ」を成功させられないのは、これまで明らかにしてきた通りである。

以前に概算したように、「葬式無用、戒名不用」を気取ったところで、遺体の始末をつけるには最低でも二、三十万円必要だ。さらに遺骨の処理、住んでいた家の後片付けなど、現世的手続き諸々の代行まで視野に入れると百万円で足りるかどうか。二百万円あればようやく一息つける。三百万円もあればきちんとした法律事務所かなんかで死後事務委任契約を結ぶことができ、心安らかに死んでいく準備は万端になる。

つまり、安心を得るには「死の代金」として百万を超える金を別途取っておかなくてはならないわけだ。

貧乏人にはなかなかインパクトのある金額である。

諸々の疑問や不安を一つ一つ潰していった結果、「心安らかに死んでいく」のを妨げる最大の障壁が経済問題っていうのはなかなか泣けてくる話だ。だが、泣いてばかりもいられない。目標達成のためにはなんとしても百万、望みうるなら三百万を用意したい。しかし、今日明日で捻出できる金額ではないし、そもそも死ぬ前に生きていかなきゃいけない。生きるにはもっとお金がかかるんだから、死後に備えてばかりもいられない。

ああ、どうしたものか。

一難去ってまた一難。

しかも、今回の難に対して、私はあまりに無力だ。神様にも見放されているし。けれども、打ちひしがれていてもお金は降ってこない。持たざる者の矜持を持ちつつ戦わなければならない。そして、持たざる者の武器は知識である。だが、これまでの人生、金融関係にはほぼ興味なしだったのが仇となり、戦力が圧倒的に不足している。預金も保険も年金も漫然とやっているに過ぎない。

そういうわけで、図書館に行って老後資金に焦点を当てた金融関係の本を探しまくったのだが、なんだか今ひとつピンとくるものがなかった。

そもそも、ほとんどの本は勤め人対象で書かれている。当然といえば当然だが、金融のプロからしてみれば、私みたいにフリーランスのくせに四十代卒業間際になってやっと危機感を覚えるようなのんきもの——歯に衣着せぬなら「単なるバカ」なんぞ対象外なのだろう。近年は単身者向けの終活本が急増しているが、正直いって私のような特殊設定の人間に役立つのは、盛り込まれた情報の半分ぐらいである。

とりわけ、〝社会の成功者〟が執筆した本は読むだけ無駄だった。当然だろう。十分な資金と社会的地位があれば、「いかに上手に老いていき、老後を楽しむか」的なふわっとした精神論でことがすむ。

だが、こちとらそうはいかない。

お金で幸せは買えずとも、ほとんどの不幸は回避できる。同時にお金がなくても幸せは感じられるが、お金なしで不幸を跳ね返すのは大変な労力が必要になる。

一方、老化とは労力を構成する体力知力気力が漸減《ぜんげん》していく過程である。とどのつまり、存在者として弱々《よわよわ》になっていく。そこを補えるのは、ハイデガー先生の御高説ではなく、お金だ。

けれども、私にはそれがない。

あゝ無情。

たとえ年金を受け取れる年齢になったところで、あの月額では到底暮らしていけない。であるからには、別途民間の個人年金保険をかけた方がいいのだろうか？　っていうか、今から加入して間に合うのか？

いや、待てよ。それ以前に、年金が出る前に働けなくなってしまったら完全に詰むんじゃないの。だったら就労不能保険とかも必要なのか？　入院保険だって今ので問題ないのか？？？

考えれば考えるほど、状況は絶望的だ。負のスパイラル・ブーストである。お金のない怖さは身にしみている。だから、死を想像するよりもっと強くて確かな恐怖心がわいてくる。

もしかして、私は自分で思っている以上にお先真っ暗なんじゃないの？

気づかぬうちにどこまでも広がる無明《むみょう》の野をさまよっていたとか？

いや、しかし、どこかに光はあるはずだ。たとえ血の池地獄でプカプカ浮かびながらでも目を皿にしていれば、一筋の蜘蛛の糸が垂れてくるはずである。お釈迦様、どうか私を見放さないで……とか思っていたある日の朝である。

いつも通り仕事部屋でメールのチェックをしていると、一通のＤＭが目に留まった。

タイトルは「老後資金が不安なあなたへ。お金のプロに無料で相談」。

あら、あなた、私のボヤキ聞いてたの？　っていうぐらいタイムリーなキャッチである。差出人は私が使っている会計ソフトの会社。野良ＤＭではない。

ざっくり目を通して見ると、お金のプロっていうのはファイナンシャル・プランナー（ＦＰ）のことらしい。直訳すると財務計画者。なんだかすごそうだ。とはいえ、私にはファイナンシャル・プランニングなるものの知識がなく、ファイナンシャル・プランナーと聞いても「保険勧誘員のシャレオツ呼称？」程度の認識しかないので、いったいどんな相談に乗ってくれるのかすら想像できない。ＤＭの短い文言によると、一度コンタクトを取れば生涯にわたってお金のことを相談できるパートナーになってくれるそうなのだが、結婚でもするのだろうか?

以前の私なら、この時点で「ふ」とニヒルな笑みを浮かべ、そのままDMを削除したことだろう。むちゃくちゃ人見知りのビビリなので。

だが、死に方を探す旅に出たことで、私は変わった。

図太くなったのである。

ちゃんと死にたきゃ、準備しろ。そのためにはトライ・アンド・エラーだ。当たって砕けろ。砕けたところで命までは取られやしねえ。

弁天小僧菊之助ばりに威勢のいい姐さんが脳内に登場し、啖呵《たんか》を切った。

なんか、かっこいい。

なので、姐さんのご宣託に従うことにした。

添付のURLから応募フォームに飛んで、無料相談を申し込んだのである。

希望日を複数選択、対面でもオンラインでも可だったので、躊躇なくオンラインを選ぶ。コロナ関係なく、単なる出不精ゆえだ。そして、後から思えばこれが大正解だった……のだが、今は話を先に進めよう。

相談したい内容はチェックボックスで選ぶ仕様だ。私は迷わず「貯蓄/家計」「税制/国の制度の活用方法」「老後資金」をクリックした。

漏れがないか確認して、送信。すぐさま受付完了の自動メールが送られてきた。

あとは、先方からの連絡を待つだけだ。なんだかお見合いを申し込んだようで、ちょっとだけドキドキする。

先方はどんな方なのかしら。素敵な方だったらいいのだけど……。男性なら竹野内豊さん、女性なら竹内結子さんのような人が理想だわ……。とかなんとか、完全に何かを勘違いしたまま待つこと一日。正式予約完了のメールが届いた。

相談に乗ってくれるファイナンシャル・プランナー氏は竹内豊（仮名）さん。男性らしい。お、これは竹野内豊来た？　いや、竹中直人かもしれない。それはそれで嬉しいけど。竹内力だったらちょっと怖いな、金融だけに。無駄な心配ここに極まれりだが、とにかくこの時点ではファイナンシャル・プランナーのイメージが「保険の勧誘員」から一歩も出ていなかったのだ。

そして迎えた相談日当日。

パソコンにカメラとマイクを繋ぎ、指定されたURLに接続して待つこと一分。オンタイムに、ファイナンシャル・プランナー氏が画面上に現れた。

それは夢にまで見た竹野内豊……なはずもなく、二十代半ばと思しき若い男性だった。画面越しに見ても、今どきの人らしくシュッとしている。

「はじめまして。今回担当させていただく竹内豊（仮名）です。どうぞよろしくお願いいたします！」

笑顔も口舌も爽やかである。なんだかちょっと肩の力が抜けた。正直言うと、現実として想像していたのはすだれヘアの小太り、あるいは痩せメガネの中年おじさんだったのだ。まさか、こんな好感度の高い若い男性が現れるとは……。こんなことならちゃんと化粧をしておけばよかった、と心の片隅で薄っすら思ったのは、かすかに残存する乙女心のなせるわざだったのだろうか。

私が心中無用の葛藤を繰り広げている間も、竹内氏はテキパキと話を進めている。まずは相談内容の確認、そして守秘義務の説明と、説明を受けたことに同意するシステム上のやり取りが行われた。たいへん機能的である。なるほど、これならオンラインで十分だ。

一通り事前手続きが終わると、竹内氏は言った。

「では、具体的なお話を伺いたいと思います。今回は老後資金についてのご相談が主ということですが、どういう点が気になっているのでしょうか？」

ほんの数分の会話の中で、彼の良い意味でビジネスライクな態度に好感を抱いた私は、腹をくくった。ちゃんと正直に情報開示して、本気でアドバイスをもらおう、と。

なので、こう切り出した。

「有り体に言いますと、自分のお金関係全部を見直したいんです。家計も、貯蓄も、将来への備えも。余剰資産なんてあるはずもないので投資はできないですが、かといって金利がほぼゼロの預貯金ではどうしようもありません。おまけに独身かつフリーランスっていう超ワルワル条件ですので、もしもの時の備えもしておきたい。どうすればいいでしょう」

私の中の冷徹な観察者は「無料をいいことに全部盛りかよ」と冷めたツッコミを入れてきたが、そんなもの、かまっていられない。こちとら背水の陣なのである。

竹内氏は何かメモをとり、時には簡単な質問を挟みながら、一生懸命訴えを聞いてくれている。

そして、私の熱の入った長口上が一通り終わったと見てとるや、ニッコリ笑ってこう言った。

「ご希望はわかりました。では、必要な情報を順番に整理していきましょう。ところで、家計簿は付けておられますか?」

はい、来た!

家計簿! 家庭財務の基本!

突然だが、私の人生には七不思議がある。

その筆頭が他人様から「厳密な金銭管理ができるタイプ」と思われがち、という不思議だ。

大学時代に入っていた軽音楽部では会計を任された。新卒で入社した会社では二年目に経理部へ配属された。選んだ人たち曰く、「適性を考慮して」お金関係のポジションに私を配置したそうだが、それがどれだけ眼鏡違いであったのか、もし彼らが私のパーソナルヒストリーを撮ったドキュメンタリーでも見れば一目瞭然だっただろう。

なにせ、子供の頃から数字が苦手だったのだから。

なんとかついていけたのは小学校高学年ぐらいまで。中学に入り、平方根が出てきたところで私の算数脳は永久凍土と化した。

$\sqrt{4}$が2なのはわかるとして、$\sqrt{2}$は「無理数」とかって、一体何なんですか？　直角二等辺三角形にしたら長辺の$\sqrt{2}$にはちゃんと始点と終点があるのに、数字になると終わりがないなんて、意味わからなくないですか？　と脳がリフレインで叫んでいた。今でこそ平方根の概念は理解できずとも受け入れているのだが、最初に遭遇した時には音楽を奏でるUFO以上に意味不明と思ったものだった。

いや、わざわざ日常生活であまり使わない数字に話を持っていかずとも、四則演算レベルですら危うい。三桁になると暗算は無理だ。よしんば計算できたところでケアレスミスが異様に多い。数字や文字の突合作業がとても苦手である。軽度の注意欠如・多動症なのだろう。要するに、とことん金銭管理には向いていない。

けれども、パッと見そうは見えないらしい。物事を細やかに管理できる計画的な人物と評されたことが一度ならずある。

けどね、冷静に考えてくださいよ。「物事を細やかに管理できる計画的な人物」が、職業フリーランス、ステータス独身なんて人生を送ると思いますか？　どう考えても行きあたりばったりの無計画人間に決まっているじゃないですか。

そんなわけで、私の人生からはずっと「金銭管理」という項目が抜け落ちていた。当然、家計簿なんてものもまったく付けていなかった。

そう、たった一年前までは。

だが、ある災厄が私を変えた。

いわずとしれたコロナ禍である。

二〇二〇年三月、緊急事態宣言が発令され、その時点で決まっていた取材仕事が全部吹っ飛んだ。当時はまだ出版各社とも対応策もなにも定まっていなかったので、一律で「人と会う仕事」「遠方に行く仕事」「旅や行楽に関係する仕事」がシャットダウンされたのである。

最初の一件ぐらいは「まあ仕方ないなあ」で済んだが、二件、三件と続き、一本でひと月の稼ぎの半分は賄えるはずだった案件が消えた時はさすがに「あ、詰んだ」と思ったものだった。本当に餓死が現実になるかと思った。

その後、給付金やらなにやらで一息つけるようになったのは数ヶ月後のことで、場合によっては本業以外のバイトをしなきゃならんのではなどと本気で思い詰めた日々だったわけだが、そこまで切迫するとザル会計一筋何百年の私とて、さすがに出納管理をせずにはいかなくなった。

こうして、生まれてはじめて「家計簿」なるものを付け始めたのである。

とはいえ、賢い奥様のように「人参一袋　二八〇円　お豆腐一丁　百円」と綿密に記録する方式を取れば、たちまち面倒になって三日坊主で終わるのは目に見えている。私とて伊達に生まれた時から私と付き合っているわけじゃあない。何ができて何ができないかは把握している。

よって、明細はすっ飛ばして、日毎レシート単位で金額を記録するようにした。何品買おうが、一レシートで一件。これだとよほどあちらこちら買い回らない限り、一日の記録件数が五件を出ることはない。さすがにこのぐらいなら面倒がる自分をなだめつすかしつやっていくことは可能だ。また、現金決済は極力やめて、電子マネーかカードで支払いするようにした。この世でもっとも苦手な作業のひとつである「財布内の残高合わせ」をせずに済むし、ログが残る。レシートをうっかり捨ててしまっても安心というわけだ。使いすぎに関しては、こまめに記録しておけば防げるので問題ない。むしろポイントが貯まってお得感この上ない。

家計簿のフォーマットはエクセルでオリジナルのシートを作成した。一応、サラリーマン時代に一般的な帳簿付けに使うレベルの演算式やマクロは覚えたので、それを駆使したのだ。勤め人の生活は気苦労も多かったが、社会人一般スキルは身についた。人間、やっぱり一度ぐらいは宮仕えをしておくものである。

月の定額出費は予め別枠に入力し、月初めにシートごとコピーすることで転写の手間を省く。予算は月総額のみ。費用名目ごとに分けたりはしない。

自分の性格など諸々を勘案してひねり出した完全カスタマイズ家計簿である。

このように徹底して自分仕様に組んだことが奏功し、家計簿付けはなんと今も続いている。私史上まれに見る快挙である。しかも、途中で何度もアップグレードし、今では家計簿付けがささやかな趣味になりつつあるのだ。「継続」「根気」「地道」の言葉が載っていないマイ辞書とともに半世紀近くを生きてきた私である。これを驚天動地の大進歩と言わずしてなんと言おう。

そして、もう一つ劇的進化があった。

家計簿付けが趣味になった結果、どんぶり勘定放埒経営体制から予算内管理運営体制に滑らかに移行したのである。

これがどれほどすごいことか、どうお伝えすればわかってもらえるだろう。

もちろん、私だって知っている。最初からできる人にとっては、こんなの屁みたいなものであることぐらい。

けれども、「財布にある金、全部使う」がデフォルトだった人間には、相対性理論の発見やアポロ月面着陸のインパクトに相当する進歩なのだ。いや、もしかしたら生命誕生に等しいんじゃなかろうか。

人間、生きてさえいれば五十歳を前にしても飛躍的な進歩を遂げることができる。若い方は言うまでもなく、中年に差し掛かった皆さんも諦めることはない。私にできたぐらいだ。誰にでもできる。

最近では、翌月の予定がある程度固まったら、事前に固定費のほか、外出時の交通費や食事代なども含めて先に記入しておくようにしている。そうすると、その月に「あといくら使えるか」が判明し、その残りでその月に購入するべきもの、購入できるものが見えてくるからだ。

さらに、予定金額より支出が少なければ、その分は月末ボーナスとして半分は貯金箱、半分は好きに使えるお小遣いにしている。浮いたお金で買うものは本！　とかだとライターとして立派なのだが、私は半端者なのでゲームの課金とか発泡酒じゃない麦酒とか、普段は我慢しているものに使う。私へのご褒美（笑）がなければ動機づけができない、チャラい人間なので。なんだか生きているだけで申し訳ない気分になってくるが、仕方あるまい。意識の低い人間はこれが精一杯だ。

えらく前置きが長くなってしまったが、こういう経緯があったおかげで、私はファイナンシャル・プランナーの竹内氏（仮名）から投げられた「家計簿は付けておられますか?」という問いかけに、胸を張って答えることができた。

「はい、付けています！」と。

この時、先方のモニター画面に映っていた私の顔は、おそらくドヤ顔のサンプルとしてウィキペディアに掲載されてもおかしくないほどだっただろう。

だが、竹内氏の反応は薄かった。

「では、月ごとの収支を教えて下さい。まずは収入からお願いします」

……ですよね。ファイナンシャル・プランナーなんてお仕事に若いうちから就く方ですもの。きっと、小学生の頃からお小遣い帳をばっちし付けていたタイプですよね。いい大人が家計簿付けているぐらい、当たり前ですよね。わざわざ褒めるほどのことじゃあないですよね……。

軽い失望をそっと胸に納め、私は一つ一つ質問に答えていった。

嘘も誤魔化しもなく、ただただ正直に。

ひとつ答えるたびに、見栄のようなものが剝がれていく感覚があった。私の懐具合のすべてを知られたわけである。ある意味、スッポンポンを見られるよりも恥ずかしい。

だが、そこは敵もさるもの。ごくごく淡々と分析するだけで、評価は一切口にしない。

そうこうしているうちに気づいた。会話において竹内氏は完全に受け身に徹していることに。

もし、私が「家計簿なんて付けていません〜ん」と答えたところで批判めいたことは一切口にしなかっただろう。話を聞き、整理する。それが彼らにとっての「インタビュー」なのだ。

同じインタビューでも、ライターの場合、時には相手の発言に疑問を投げかけることもある。特に、ゴーストライティングでは欠かせないテクニックだ。なぜなら、読者が持ちそうな疑問をできるだけ事前に潰し、原稿に反映しておかなければならないからだ。

一方、竹内氏のような仕事の場合、クライアントの現状把握が一丁目一番地。親でも教師でもない以上、引き出した事実がどれほどレ・ミゼラブルであっても、非難する必要はない。だって、それは彼らの仕事ではないのだから。

きっと新人の頃から傾聴研修とか受けさせられているんだろうなあ。こいつバカじゃね？　と思っても顔に出したら大変だし。中には偉そうなクライアントもいるだろうし、きっとストレス溜まるんだろうなあ。若いのにエラいもんだ。

勝手な妄想で同情している間にヒアリングは無事終了し、竹内氏がポポンと弾いた私の「老後の一ヶ月の最低生活費」は約十五万円だった。この数字はまあまあ納得である。私が事前に読んでいた数々の老後生活指南本でも、試算はだいたいそれぐらいだった。

ただし、これは二〇二一年現在の貨幣価値で測った場合だ。今後いきなりとんでもないインフレが起こり、みるみる物価が上昇するようなことがあれば、あるいは税金や社会保険などがドンと上がれば、もっともっと必要になってくる（※注　二〇二四年の今、そうなり始めている）。

だが、ひとまずは十五万円を基点にして考えることにしよう。でないと始まらない。

さて、老後資金といえばまずは年金だ。だが、六五歳からもらえるはずの年金は月十万に満たない。私の場合、途中まで厚生年金に入っていたので国民年金オンリーよりは多少は多いが、それでも必要額の半分いくかいかないか、というラインである。

ということは、多めに見積もって月八万円は不足することになる。

六五歳から八五歳前後まで生きると仮定して、不足分を貯金だけで補うと八万円×十二ヶ月×二十年で一九二〇万円。

やっぱり二千万円じゃん。

無理ゲー、はい、終了！

いきなり投げた私を、竹内氏はさわやかな笑みで励ました。

「確かにあと十五年で二千万円満額を貯めようとすると一年に一三〇万円ほど貯蓄する必要があるので、かなり難しいと思います。ですが、最近は六五歳を過ぎても働く方が増えています。門賀さんは文筆業ということなので、定年はありませんよね？」

ええ、定年はありませんよ。ありませんけど、六五歳まで書き続けられるかどうかなんてわかりませんから。十五年後どころか明日にも仕事が無くなるかもしれないんですから。フリーライターなんて吹けば飛ぶよなヤクザ稼業ですから。

悲観の悲央子が呟く陰々滅々たる言葉を胸に響かせつつ、竹内氏に向かってはとりあえず曖昧に頷いておく。久々登場の怠央子が「え〜ッ！　六五歳過ぎても働かなきゃいけないの？　嫌だよ、さっさと引退したいよ〜」と叫ぶのを目の端にやり過ごしつつ、勘定場の金央子を召喚した。今の私が前面に出すべきペルソナは彼女だ。

「そうですね。そこは私の頑張り次第なのだと思います。ですが、この歳になるとやはり健康面で何か問題が出ることもあるでしょう。老後だけでなく、不慮の事態への備えもしておきたいと思っています。だから、老後資金のほか、医療保険の見直しや就労不能保険の検討もしたいのですが、どれがいいのかさっぱりわからなくて」

「承知しました。では、少しお時間をもらって、私の方で門賀さんにぴったりなプランを各社の商品からいくつか探してみます。一週間後にもう一度面談の時間をいただけますか？」

なるほど。今日いきなり全部を決めなくてもいいんだ。しかも、プランは複数教えてくれるのね。こりゃ助かる。

「あ、じゃあそれでお願いします」

ここまででだいたい二時間弱ほど。オンラインなので誰に聞かれるわけでもなく、必要な資料もすぐ取り出せるので事前準備に気を遣わなくていい。私のような人間にはもってこいである。

そんなわけで、翌週、竹内氏が選んでくれた複数の金融商品を比較検討することになった。

では、さようなら、また来週、とオンライン画面を切ると、ブラウザは面談の評価を星の数で促す画面に変わった。なんとまあ、竹内氏は毎回毎回評価を受けるのか。こりゃ大変だ。ほんと、今どきの若い人は気の毒だよ……。そんなことを思いながら、星を全部チェックしてブラウザを閉じた。ワタシ的には今日の面談は大変満足だったのだ。相談料は〝ロハ〟なんだから、これぐらいは報いたい。

さて、次回、彼はどんな商品を勧めてくるだろう。おそらく彼らにとってインセンティブの高い会社の商品が中心になるのだろうが、だからといってあまりに露骨だと★一つになってしまう。それだときっと何かと不都合があるはずだ。その辺のバランス、どう取ってくるのかしら？　興味津々である。

ということで、私の「はじめてのファイナンシャル・プランナー体験」はひとまずスムーズに終了した。次回、竹内氏の提案を受けて、ルーズなわりには細かいところにセコくてイマイチ決断力のない金央子はどんな判断をするのだろうか。楽しみである。皆さんもぜひ楽しみになすってください。

ところで、七不思議の残りの六つは何なんだ、って？

それは秘密です。思いつきで適当に言っただけだなんて、そんなことは絶対にありませんから安心なすってください。

金融プランがわからない

「はじめてのファイナンシャル・プランナー体験」からほぼ十日後、二度目のオンライン面談を行った。希望すれば予約はもっと早く取れたのだが、私のスケジュールの事情で時間があいた。スタートダッシュが苦手な私らしい進行である。

約束の当日、またまた定刻に竹内氏（仮名）が画面に現れ、定型のご挨拶が済むと、さっそく彼のプレゼンテーションが始まった。

今回見繕ってもらったのは医療保険と就労不能保険、そして年金型保険の三つである。医療保険は以前から入っていたが、せっかくなので見直すことにした。保険を増やすということは当然掛け金が増えるわけで、同じ保障内容で保険料が安いものがあるのならそっちに乗り換えたい。

就労不能保険は、今年に入ってから私と似たような境遇／年齢の人たちに急病が続き、思うところがあっての検討である。五十代に分け入った独身フリーランスなら持っておきたい武器だ。

そして、年金型保険。これが今回のメインタスクであるわけだが、保険だけで老後の二千万を賄うのは最初から無理とわかっている。よって、今回は「備え」の機能に重点を置くことにした。

そんな方針を立てた上で臨んだ面談、医療保険と就労不能保険は比較的即決できた。それぞれ特徴の異なる複数プランを提案してくれたのだが、説明が非常にわかりやすかったので、自分のニーズに合致する商品をすぐに選べたのである。

提案された医療保険の保障内容は、どれも今のものとほぼ同じ。だが、死亡保険を外した分、月額が安くなる。

うち、竹内氏のおすすめは、入院したら日数に関係なく定額が一度に支払われるプランだった。つまり、一日でも一ヶ月でも同じ額の保険金が下りてくるのだ。そして、三週間以上の入院にならない限り、定額一括で貰った方が金額的にはお得になる。

91ページに書いた通り、今の日本では短期退院が推奨されている。長期療養が必要となる疾患以外、三週間以上の入院は稀だ。いわゆる三大疾病——悪性新生物、心疾患、脳血管疾患だけ見ても、平均入院日数が二十日を超えるのは脳血管疾患のみ。保険契約後数ヶ月経ってから受けた脳ドックで脳内の動脈瘤が見つかったので、唯一損をする病である「脳血管疾患」で病院送りになる可能性は大なわけだが、そこはまあ定期的に診察を受けるなりしてなんとか凌げばよろしかろう。

というわけで、これはあっさり決まった。

就労不能保険は、二つのプランが提示された。その上で、竹内氏は「フリーライター」という職業特性を鑑《かんが》みて、障害等級が二級以上つけば給付対象となる保険を勧めてきた。

片方は保障内容が手厚いものの、完全なる就業不能——寝たきりとか、意識不明みたいな状態にならない限り、保険金は下りない。一方、オススメの方は障害等級が二級になったら、たとえ働ける状態でも就労不能と見なされ、毎月定額が支払われる。

なお、二級に相当する障害とは次の通りである。

1. 次に掲げる視覚障害
イ、両眼の視力がそれぞれ0・07以下のもの
ロ、一眼の視力が0・08、他眼の視力が手動弁以下のもの
ハ、ゴールドマン型視野計による測定の結果、両眼のI/4視標による周辺視野角度の和がそれぞれ80度以下かつI/2視標による両眼中心視野角度が56度以下のもの
ニ、自動視野計による測定の結果、両眼開放視認点数が70点以下かつ両眼中心視野視

認点数が40点以下のもの
2. 両耳の聴力レベルが90デシベル以上のもの
3. 平衡機能に著しい障害を有するもの
4. そしゃくの機能を欠くもの
5. 音声又は言語機能に著しい障害を有するもの
6. 両上肢のおや指及びひとさし指又は中指を欠くもの
7. 両上肢のおや指及びひとさし指又は中指の機能に著しい障害を有するもの
8. 一上肢の機能に著しい障害を有するもの
9. 一上肢の全ての指を欠くもの
10. 一上肢の全ての指の機能に著しい障害を有するもの
11. 両下肢の全ての指を欠くもの
12. 一下肢の機能に著しい障害を有するもの
13. 一下肢を足関節以上で欠くもの
14. 体幹の機能に歩くことができない程度の障害を有するもの
15. 前各号に掲げるもののほか、身体の機能の障害又は長期にわたる安静を必要とする病状が前各号と同程度以上と認められる状態であって、日常生活が著しい制限を

受けるか、又は日常生活に著しい制限を加えることを必要とする程度のもの

16．精神の障害であって、前各号と同程度以上と認められる程度のもの

17．身体の機能の障害若しくは病状又は精神の障害が重複する場合であって、その状態が前各号と同程度以上と認められる程度のもの

（日本年金機構公式サイト内「障害等級表」より引用

URL：https://www.nenkin.go.jp/service/jukyu/shougainenkin/ninteikijun/tokyuhyo.html）

私の場合、最悪でも脳と目と手が使えればなんとか仕事になる。よって、就労自体は諦めなくていいかもしれない。しかし、当然活動量は減るわけだし、できることは限られてくるから、収入はドンと減るだろう。それを少しでも補塡できるならありがたい。あとは貰える額をいくらにするかだが、そこは懐事情との相談になった。備えはあくまで備えであって、今の生活を必要以上に圧迫するのであれば意味がない。

その辺りも、竹内氏はバランスよく考えてくれていた。もし、自分ひとりでやっていたら、考えているうちにどんどん欲の皮が突っ張ってきて、必要以上の補償をつけ、掛け金の支払いが始まった段になって我に返って青くなる、なんてことになりかねなかった。

なるほど、専門家に頼むっていうのはこういうメリットもあるのか。

若いけど、頼りになるじゃないか、竹内くん。

そして、いよいよ本命、年金型保険の提案が始まった。

ここまでの経緯を考えると、まあ穏当なプランがくるのだろう。

と、私は予想していた。

で、外れた。

いきなりドル建て保険を勧められたのだ。

これには驚いた。ドル建てなんて、まったく眼中になかったからだ。

だって、毎月ドルを買って、それを積み立てていくタイプの保険でしょ？　外国通貨を云々するなんてマネーゲームが好きな人向けのプランであって、私のような金融知識ゼロのしがないライターはお呼びじゃないんじゃないの？　それに、死んだばっちゃん（架空）が言ってた。素人は外為なんぞに関わるもんじゃねえって。

「ドル建て？　なんかリスク高そうなんですけど」

ドン引きを一切隠さず、いきなり不信感を顕《あらわ》にする私。ここに来てインセンティブ重視来たか？　ってなもんである。

だが、竹内氏は「その反応、予想していました」とでも言いたげな表情を浮かべ、言葉を続けた。

「おっしゃる通りです（彼の口癖）。確かに外国通貨での取引の場合、為替リスクがついて回ります。ですが、それを考慮しても、この商品は円建てよりもおすすめです。円建てのプランも用意しておりますので、ぜひ比較検討してみてください」

ここから私の大質問大会が始まった。質疑応答は一時間以上に及んだのだが、内容を逐一書くのは控えよう。この時、彼が私に披露してくれた知識の数々は彼の「商品」だからだ。

結局、最終的に私がもっとも関心を示すことになったのは、死亡保険金が三万ドルも入るプランだった。

とはいえ、当初この商品は彼のイチオシではなかった。なぜなら彼もまた「独身者はお金を遺す必要ないですよね」派の人間だったからだ。

だが、それが誤りなのは本論で詳《つまび》らかにしてきた通りである（突然の論文調）。

天涯孤独の身で独り死ぬとは、すなわち死の原資をすべて己で賄うことと見つけたり、だ。ホームレスになって行き倒れでもしない限り、どうかすると家族持ちよりしっかりお金を用意しておかなければならない。今のところ「末路は行旅死亡人でもオールオッケー」とまでは悟りきれていない。そこまでは腹が据わらないのである。ごくごく当たり前に畳の上で死んでいきたいし、それならば後片付けのお金は用意しなければならない。

こう主張する私に、竹内氏、流石の飲み込みの早さを見せた。

「なるほど、それならば死亡保険金がしっかりあるほうがいいですね」

もしかしたら「よくわかんないけど、とにかく死亡保険金がほしい人なのね」とだけ理解したのかもしれない。それならそれでいい。こちらとて理解者を求めているわけではないのだから。

「それでしたら、死亡保険金として三万ドルが出るプランはとてもおすすめです。積み立てていったお金は、どれだけ最悪な条件で推移したとしても、よほどの事がない限り門賀さんが七十歳になる頃には元本以上になります」

最悪な条件というのは、運用金利がもっとも悪くなった場合、ということらしい。シミュレーションは三パターン出ていたが、竹内氏曰く、この商品の過去の実績を見ても、最悪パターンで推移したことは一度もないらしい。

「もし何らかの事情で保険金を払えなくなった場合は、途中で払い済みにすることができます。また、突然お金が必要になったけれども、死亡保険はそのままにしておきたいという場合、掛け金の範囲内で融資も可能です」

なるほど、そういうところは普通の保険と変わらないわけだ。他の面でも円建てと大差ないのに、リターンは多そうである。

だが、それでもなかなか結論を出すことはできなかった。ドル建てリスクを自分で調べたかったのだ。

その旨、竹内氏に告げたところ、豈図《あにはか》らんやあっさりOKしてくれた。契約を急かすつもりは毛頭ないようだ。一昔前の保険の勧誘員なら、こっちに考える時間を与えずゴリ押し即決させたものだったが……。時代が変わったのか、それとも保険会社の社員ではなく、斡旋業者である竹内氏だからこそ「どうせ入ってくれるなら十分納得してもらってからの方がいいや。後でクレームになったら困るし」という感じで鷹揚に構えていられるのかもしれない。これもFP相談の良さなのかしら、それとも私の引きが良かっただけなのかしら。

なんにせよ竹内氏は快く考える時間をくれ、次回の面談時に結論を出すことにした。そこから一週間強、私はゆっくりと年金型保険およびドル建て保険について勉強することができた。他のプラン——自分で見つけたサイトでシミュレーションしたものも含め——とも比較検討した。

そして、決心したのである。

ドル建てで行こう、と。

いやあ、まさか自分の人生でドルを資産として持つことになろうとは……。びっくりである。それに、すでに契約済みとなった今でも自分の判断が正しかったのかどうかわからない。なにせ、勉強したのはたかが一週間。本来なら恥ずかしくて「勉強した」とは言えないところだ。だが、そこは半世紀近く生きてきた経験値で補うしかない。

繰り返すが私は団塊ジュニア、つまりバブル経済を横目で見つつ青春時代を過ごした世代だ。好景気に浮かれる世間を目の当たりにしながら多感な時期を過ごし、いよいよ来年は就職活動となった矢先に泡が弾け、社会の入り口はいきなりジイドも吃驚の〝狭き門〟になった。しかも、そのポータルは天国ではなく地獄に続いていた。

結局、私たち世代の大卒は、社会人になってからずっと右肩下がりの社会で生きることになった。やれITバブルだなんだと瞬間的に相場が活性化する時期はあったものの、社会全体が浮揚するような好景気はついぞ訪れず、逆にリーマン・ショックのような世界恐慌ではいの一番に不景気の直撃をくらった。

いわゆる〝失われた二十年〟はもう〝失われた三十年〟になろうとしている。株価は回復して好調だといったって、実体経済を伴わない株高なんていつまで続くものやら疑わしい。

いずれにせよ、少子化の進行を止められなかった我が国は、この先すべてにおいて縮小していくしかない。今のところ、日本円はどの通貨よりも安全だというのが常識だが、はたしてそれもいつまで続くかわかったものではないのだ。

一方のアメリカは、凸凹はありつつも今なお勢いを失っていないし、景気が悪化したって自力回復するだけの底力を持っている。今後、少なくとも私が死ぬぐらいまでは、自由経済の中心地であり続けるだろうし、ドルは世界の基軸通貨としての地位を失うことはないだろう。最低限の預貯金は円で持っておくとして、いわゆる「備え」に関してはドルでもいいんじゃないか。

そう思ったのだ。

為替リスクに関しても、二〇〇八年から二〇一二年レベルの円高が今後また起きるとは思えない。さすがに行政も当時の無策に懲りている、と思いたい。イマイチ確信を持てないのが、この国の怖さではあるが……。

今後しばらくはドルが買われることになるだろうし、金利でお金を増やすつもりならゼロ金利から脱した国の通貨で運営する商品に乗った方がいいに決まっている。

素人考え休むに似たり、なのは百も承知だ。専門家が見たらここまでツラツラ書いてきたことなんて臍《へそ》で茶を沸かすレベルかもしれない。

だが、それでもいい。

今は金融商品のプロの勧めと自分の判断を信じるしかない。もちろん、最終責任は自分にある。ただ、株と違って完全なオケラになることはないのだから、さほど神経質になる必要はない、かもしれないじゃないか。

とにかく、決めた。

老後の備えの一部および死亡保険金はドル建てに挑戦してみる、と。

三度目のオンライン面談では、もう一度質疑応答を重ね、私が検討中に疑問を感じたあれこれについて回答をもらった。そして、毎月の支払い額やら、保障内容などを希望に沿うよう微調整し、最終決定した。

結局、決めたあとの手続きも含めて五回にわたった面談は、時間にしてのべ九時間近くはあったと思う。対面では、これだけの時間をかけるのは難しかっただろう。外出の手間がない上、自宅という安全圏で、面談が嫌になったらいつでも逃げられる安心感があったからこそ可能になった長時間面談だった。

また、提供会社の異なる複数の保険商品を紹介してもらえたのは、竹内氏が所属している会社ならではの特徴であるらしい。その会社は、金融商品であれば、保険商品のみならず投資信託や債券、さらにローンまで扱えるのだそうだ。もし私が多額のローンを抱えていたら、ローン整理の相談もできた。死に場所を決めたいので家を買いたいと言ったら住宅ローンを紹介してくれたことだろう。また、私が「あたくしお金持ちなので投資もしてみたいのよ」って人だったら、ＮＩＳＡ《ニーサ》やらｉＤｅＣｏ《イデコ》やら投資信託やらも提案されていたかもしれない。

一般的に、金融関連の相談窓口といえば保険会社や銀行になるが、基本その会社が展開する商品しか紹介してもらえない。それに、個人的な話で恐縮だが銀行に不信感がある。父が経営していた会社への貸しはがしを始め、ひどい事例を間近で見たからだ。銀行の勧めに従って退職金すべてを投資したら、それがすべて溶けたなんてのも珍しくない話だ。不法な取引ではないからニュースにはならず、当事者は泣き寝入りするばかりである。

また、街場にある保険紹介所のようなところは、保険以外の金融商品は提案できないそうである。竹内氏いわく、彼の会社は日本では新しい業態で、今のところ同様のサービスを行う会社は他にないらしい。私のような金融音痴には「ふーん」でしかない情報なのだが、長年金融畑にいた人にはインパクトのある話、なのかもしれない。

ステマではないので竹内氏の所属する会社名を明かしはしないが、今回のことでしみじみ実感した。世の中はどんどん変化し、新しいサービスを提供する会社が生まれている。だが、よほどでないと知らないまま終わる。

年をとってくるとどうしても既知の選択肢から選びがちになるが、従来のサービスでは不十分だと感じているのなら、二十一世紀生まれのサービスを検討するのも一手だ、と。

新しいサービスは当然海千山千ではあるが、試してみたら今回のように眼中になかった新しい道を示されることもある。自分の殻を破るのは、いくつになっても楽しい体験だ。

いずれにせよ、我が家の新たな保険体制は、蓋を開けてみればまったく考えもしていなかった布陣になったわけだが、今のところ非常に満足している。何より嬉しいのは、三万ドルの死亡保険金のおかげで次の道が開けたことだ。

三百万円あれば、安心して死んでいけるのはすでに書いた通り。これまで原資がないがゆえに躊躇っていた死後事務委任契約先探しに、ようやく取り掛かることができる。

確かな武器を得て、いよいよ最後の関門に分け入る時が来たようだ。

おお、遠くから出陣を告げる法螺貝《ほらがい》の音がパオンパオンと聞こえるではないか。

Time has come!

いざ、鎌倉！

……と勢い込んで、気づいた。

この「鎌倉」、一体どこにあるの？

突然、慎重派かつ猜疑心の強い疑央子が待ったをかけた。

保険の受取人、どうするの。

おかんがあの世に行ったら、二親等以内おらんねんで。

そうでした。

それがあるんでした。

はて、どうしたものか。

保険金受取人がわからない

現在受取人に設定している母が私より長生きし、かつ後見人不要なほどしっかりした頭を保っている場合はこれで問題ない。だが、母が著しく老耄《もうろく》した場合や、先に死んだ場合——可能性としてはこちらの方が高いわけだが——話はややこしくなってくる。

保険金の受取人がいない、なんていう困った事態が発生するのだ。

保険会社が一般的に推奨する受取人の範囲は二親等以内の親族だ。だが、私に「二親等以内の親族」なんてものが早晩いなくなるのは、ここまでツラツラ書いてきた通り。

「誰にでも　いると思うな　二親等」である。保険の標語コンクールでもあれば送ってやろうかしら。

とにかく。

近いか遠いかはわからないが、「私の死」は絶対確実にやってくる。

これがもし、余命宣告を受け、死に支度をする猶予を与えられる理想形で眼前に現れるのであれば、さほど問題はない。なぜなら、加入した保険に「リビングニーズ特約」をつけているからだ。

リビングニーズ特約とは、医師による明確な余命宣告があった場合、一定条件下において生きている間に死亡保険金を受け取れるという制度である。

これは、とてもいい。だって何かとお金のかかる「死」を前に、まとまった銭金が手に入るのだから。経済的不安や後顧の憂いさえなければ、人は比較的従容として死にゆくことができるんじゃないだろうか。たぶん。

もちろん、病苦は襲ってくるだろう。でも、心労の最たるものは間違いなく「経済苦」だ。不景気になると自殺者が増えるのを見ても明らかである。お金がないといっても最低限の衣食住に心配がなければ、貧乏生活も趣味にできないことはない。だが、食うや食わず、あるいは棲家を失う不安と常に隣り合わせであれば、まず平常心ではいられない。

逆に言うと、そこさえクリアしていれば、私の性格を鑑みるに死にゆく過程さえ楽しめるんじゃないかという気がしている。昔から、危機という名の非日常を眼前にすると、アドレナリンが脳内を駆け巡る傾向があるからだ。その昔、脳腫瘍の疑いを告げられたときも、なんだか興奮したものだった。それは結局誤診だったが、あの時妙にワクワクと高揚したのだから、私という人間はきっとどこかイカれているのだ。まあ、今も同様かは、実際その局面になってみないとわからないが。なんにせよ、落ち込んで何も手に付かないなんていう状況には陥るまい。

よって、問題となるのはサドンデス。突然の死である。

この場合、受取人がいなければ保険金が宙に浮いてしまう。こうなると計画は崩れ、私は死ぬに死ねなくなる。だから、信頼できる第三者を受取人にして、よろず後事を任せたいわけだが、それができない。

なぜなら、現行の制度では他人を受取人にするのはほぼ不可能だからだ。

理由は簡単。保険金を巡る事件を防ぐためである。要するに第三者が誰かに保険金をかけて殺す、なんてことが起こらないように予防しているのである。

だが、はたしてこの対策に意味はあるのだろうか。

だって、人間っていざとなれば、金のために肉親だって殺すじゃない?

私の場合、保険金殺人というと真っ先に思い浮かぶのが「ロス疑惑」事件である。

昭和生まれには説明する必要もないほど有名な事件だが、平成生まれが三十代に突入しているご時世だ。念の為、簡単に振り返っておこう。

昭和五十六年(一九八一)、とある日本人女性がロサンゼルスの駐車場で銃撃を受け、瀕死の重傷を負った。強盗の仕業とされたが、夫は足を撃たれただけで命に別状はなかった。妻は脳死に近い状態になり、帰国だけはなんとか叶ったが、そのあと薬石効なく死亡。遺された夫は、一億円を超える保険金を受け取った。

事件後、妻が死亡するまで、夫は大仰なほど悲嘆に暮れる姿をマスコミに見せていた。そして、献身的な看護を続けているとの触れ込みで美談の主となった。

だが、三年後、事態は急転する。週刊文春が「疑惑の銃弾」というタイトルで一連の事件を保険金詐欺の疑いありと報じたのだ。今で言うところの文春砲だが、これをきっかけにマスコミあげての大報道合戦が勃発した。

ワイドショーでは連日、手を替え品を替え、あらゆる角度から事件を報道した。事件現場での独自検証はもちろん、アメリカの元捜査官という男性が夫を犯人と断定するがごとき発言を繰り返したり、夫の過去を暴き立てたり。こうなるともう推定無罪の原則も人権もあったものではない。夫はたちまち美談の主から、妻を金のために殺した極悪人へと転落した。

あの狂騒は今思うとちょっと異常だが、被疑者男性が〝悲劇の夫〟のイメージ流布のため、いいようにマスコミを利用していたのが裏目に出たようにも思う。

警察は世論に圧されるようにして夫を逮捕し、裁判にまでは持ち込んだ。だが、一審は有罪で無期懲役の刑が下りたものの、二審で逆転無罪。上告も棄却され、二〇〇三年には夫の無罪が確定した。

マスコミの報道と、報道に乗っかって囃《はや》し立てた国民が一丸となって冤罪を生んだ。そんな構造になってしまったのだ。

ところが、事件はこれで終わらなかった。五年後、夫はサイパンで米国の警察に逮捕された。この殺人もまた金銭がらみとされ、人々はそれ見たことかと溜飲を下げたわけだが、被疑者がロサンゼルスでの勾留中に死亡するというショッキングな結末を迎えたことで、糾弾の空気は急速に萎んだ。

結局のところ、彼にかかった疑惑が真実だったのかどうなのかは藪の中。すべては有耶無耶に終わった。

ただ、形式上の話をすれば当該男性は日本では無罪とされているわけで、「ロス疑惑」はあくまで疑惑に過ぎなかったといえる。

しかしながら、「保険金殺人事件」として世に与えたインパクトは最大級だった。少なくとも私と同世代は「保険金殺人事件」＝「ロス疑惑」の図式ができあがっているはずだ。

つまるところ、二親等に縛ったところで保険金殺人は起きるではないか、と私などは思ってしまうのだ。夫婦は他人だと言ってしまえばそれまでだが、実際には血縁でも保険金目当ての殺人は起きる。

もちろん、二親等縛りがあるからこそ、他人が加害者となる事件が起こりづらいのだろう。もし解禁したら、あっという間に増える、かもしれない。

だが、殺人事件の半数が肉親間で起こっていることを考えると、それもどうなのかなあと思う。

ここで、ちょっとした資料を紹介しよう。

保険金殺人が社会問題として大きくクローズアップされたのは昭和五十年代のことだった。

昭和四十年代、国民の所得が増えたことで、生命保険が一般庶民にまで普及するようになり、保険金も高額化したことが背景にあった。また、オイルショックで高度成長がストップし、景気が悪化したのも影響ありとされている。

昭和五十八年の警察白書を見ると、保険金詐欺だけで一項が設けられている。つまり、その頃にはかなり社会的に関心が高いイシューだったのだ。ちなみに今現在特筆されている詐欺はオレオレ詐欺などに代表される特殊詐欺である。犯罪も世に連れ、ですねえ。

さて、白書のデータによると、昭和五十三年から五十七年にかけて顕在化した保険金殺人四十四件のうち、十九件までが親族間で起こっている。それ以外となると雇用関係が十一件、金銭貸借関係が七件、無関係の人間が四件であり、同僚や知人となると三件しかない。

つまり、私が望んでいる「信頼できる第三者」が起こす確率は極めて低いといえるだろう。まして、私がかけている金額なんてたかだか知れている。億単位ならともかく、こんな端金では殺人などやるだけ損というものだ。つまり、私が他人様を受取人に指定しても、犯罪に巻き込まれる可能性はかなり低いはずなのだ。

遠くの親戚より近くの他人、なんて言葉もある。今後、ますます私のような人間が増えていく中で、同様の困りごとを抱える人間は右肩上がりのはず。保険会社ももう少し柔軟に考えてくれてもいいのではないか。

死亡保険金を死後の始末代に当てる、というのはこれまでもごく普通に行われてきたことである。親子間、あるいは夫婦間であればそれが叶う。ならば、身寄りのない者は他人を受取人にしてでも同様のニーズを満たしたいと願うのはごく自然なことだ。

悪い人間はどこにでもいる。そして、悪い人間は食い物にする相手を選ばない。肉親だろうが、他人だろうが、関係ない。

いや、むしろ「血の繋がり」は不当な行為の隠れ蓑になることの方が多いような気がする。毒親やヤングケアラーの問題などがその好例だ。声を上げる人が現れて、隠れ蓑がようやく引き剝がされた結果、社会が問題として認識できるようになったのだ。

血の繋がりは時として呪いになる。

個々の信頼関係を作るのに、血縁なんぞ意味がない。

今後、世の中は確実にそっち方向に転んでいくはずだ。少子高齢化生涯未婚率アップ社会においては、「血縁」自体が減っていくのは確実なのだから。

そんな中、保険金受取人の扱いについても、保険会社や社会の意識が変わっていくことを切に願うのである。

だが、どれだけ願おうと、今すぐには変わらない。

やはり私は今この瞬間にも訪れるかもしれないサドンデスに備えなければならない。

今の所できるのは、老母が負担なく私が望む諸手続きを進められるよう、万事整ったマニュアルを作成することぐらいである。これに関してはここまでの蓄積があるのでそう難しくはない。

私はさっそくエンディングノートとは別にマニュアルノートを作り、母に送ることにした。不吉だと嫌がるかもしれないが、これればかりは受け取ってもらうしかない。

次にやるのは、母の他に受取人候補を探すことだ。可能性があるのは年下のいとこである。

いとこは四親等だが、保険会社に談判すれば認められるケースもあるという。二親等縛りは法的根拠があるわけではなく、企業の内規に過ぎないからだ。

いとこなら父方母方に複数いる。だが、誰に頼むのか、いや誰になら頼めるのか、慎重に見極める必要があるだろう。なにせ、負担を掛けることになるのだ。保険金の一部は謝礼に回すという条件ぐらいは必須だろう。あと、もし今後私が大ベストセラー作家なんかになっちゃったりしたら、著作権継承者になってもらうから、なんて条件を付けられたりしちゃったりするかもしれない。……いくつになっても夢は大きい方が良い。

なんにせよ、保険金の受取人を設定することでさえ面倒なのがよくわかった。

結局のところ、独身子無しは死ぬことそれ自体が面倒なのである。

もっといえば、生老病死いずれもとことん面倒くさいものなのだ。


【ポイント】
1. 保険金の受取人は原則二親等以内。
2. いとこは相談次第でなんとかなることもある。
3. 血縁よりも人との縁が一番大事。

死に方がわかった！ ような……

長らく続いた死に方を探す旅に出た末に見えてきたのは、人間ひとりでは死ねないという今更ながらの事実だった。

もちろん、生物学的にはいつでも一人で死ねる。

だが、社会的生物として死んでいくには、誰かの手を借りなければならない。そして、日本社会は「誰か」の条件を徹底的に「血縁」や「婚姻関係」に限ろうとしている。それはつまり、発想がかつての村社会、家制度のままであることを意味する。

けれども、二〇一五年の時点で生涯未婚率がすでに男性で二三パーセント、女性で一四パーセントを超えている現状において、このままだと社会全体が行き詰まる。さらに言うと、子供を設けないカップルは晩年を考えると未婚にほぼ等しい。どちらが先に死ぬかのチキンレースになるだけだ。

結局のところ、私世代の将来ぼっち確定者は、今のうちから「一人で死ねる社会」を構築していけるよう、各方面に働きかけなければならないのかもしれない。

幸いなことに、少しずつではあるが芽は出てきている。

この芽がうまく育つよう、我々「一人で死んでいく者」はともに手を携えていこうではないか。

社会のために、というより、自分のために。

調査を始めた頃は、タイトル通りの気持ちしかなかった。

だが、ある程度自分の死に方――人生のゴールの切り方が見えてきた今、私はようやく落ち着いて今後の「生き方」に向き合えるようになってきた。

平均寿命まで生きるのであればあと四十年近く生きていかなければならない。今までの人生をもう一度繰り返すのに等しい、長い時間が待っている。だが、質はまったく違う。

これまでは時間の先には「成長」「発展」というご褒美があった。しかし、これからは罰ゲームのような「衰え」との二人三脚になるわけだ。しかも、衰えを支えるために必須の原資――貯金も乏しいときている。

お先真っ暗なのは、変わりない。

うんざりである。

だが、少なくともゴール地点に灯りを点すことだけはできた。

闇夜に荒野を彷徨《さまよ》う中、一つ屋から漏れる窓の光を捉えることができたのである。これがどれだけ精神的安定に繋がったことか。

死に方を見つけた結果、私は生き方に集中する心の余裕を得た。

武士道と云うは死ぬ事と見付けたり、なんて言葉も、案外こんなところから来ているのかもしれない。

行き先さえ見えていたら、あとはそこに向かってのんびり歩いていけばいい。

途中で落とし穴に落ちても、なんとかなる。

なんとかできるとわかったのだから。

こうなると次は「老い方」探しかな。老い方だってわからないんだから。

五十歳になって、次の課題が見えてきた。

重畳《ちょうじょう》である。

そして、もうひとつ理解したこと。それは人との縁の大切さである。ふわっとした人生訓ではなく、縁は生活の保険として機能すると学んだのだ。そもそもこの死に方探しの過程でも、頼りになったのはこれまでの人生で出会ってきた人々だった。良き縁に恵まれていたのだと改めて思い知っている。ありがたいことである。

その上で、私は誰かにとって「良き縁」であることができているだろうか。省みると甚だ心もとないが、今後は意識して他人様のためになる人間でいられるようにしていきたい。

おわりに

最後までお読みくださってありがとうございました。

執筆に際しては、本文中に登場された方々以外にも、取材に協力してくださった方がたくさんいました。まずは、その皆さんに心からの御礼を申し上げたいと思います。お話を伺わなければ本書は書けませんでした。

また、Kataworkaさん、カバーや目次などに素敵な「だめを」と「だめ子」を提供してくださったKatawokaさん、そしてWEB連載時から書籍化まで一貫して担当してくださった双葉社の編集者・平野優佳さんに深謝いたします。

連載開始後しばらくしてCOVID－19の世界的流行が起こり、書籍化作業中には戦争が勃発しました。世界が想像以上のスピードで「何があってもおかしくない」世の中に変わっていく中で、自分の死について少しでも考えておくことはますます重要になっていくのかな、という気がしています。本書がその一助になれば望外の喜びです。

水無月の大風吹く日に

門賀美央子

文庫版あとがき

おかげさまで『死に方がわからない』の文庫版をお届けできることになりました。これもひとえに読者のみなさまのおかげです。心より御礼申し上げます。

単行本を上梓したのは二年前のことでしたが、あれからも刻々と社会情勢は変化し、年金や高齢者福祉に関する制度も矢継ぎ早に改革が進められています。先行きは決して明るくありませんが、それでも生きている限り時代の荒波を乗り越えていかなければなりません。その心構えを自分に言い聞かせるために書いた続編『老い方がわからない』も本書とほぼ同時期に単行本として出版されますので、併せて御一読いただけると幸いです。

同じ時代に生きるすべての人々が、やがて訪れる最期の日を笑って迎えられることを切に願っています。

酷暑の文月、蟬の声を聞きながら

門賀美央子

参考文献（本文中に明示したもの以外）

『ひとり暮しの戦後史』塩沢美代子／島田とみ子　岩波新書
『「老後プア」から身をかわす 50歳でも間に合う女の老後サバイバルマネープラン！』岩崎博充　主婦の友社
『おひとりさまの豊かな老後』中央公論新社
『身近な人が脳卒中で倒れた後の全生活術——誰も教えてくれなかった90のポイント』待島克史 著　落合卓 監修　時事通信社
『医者がススメル安楽死』柴田二郎　新潮社 ラッコブックス
『生命倫理学入門』今井道夫　産業図書
『死の自己決定権のゆくえ　尊厳死・「無益な治療」論・臓器移植』児玉真美　大月書店
『「平穏死」という選択』石飛幸三　幻冬舎ルネッサンス新書
『死の文化史』D．J．デイヴィス 著　森泉弘次 訳　教文館
『インフォームド・コンセント　日本に馴染む六つの提言』星野一正　丸善ライブラリー
『孤立不安社会　つながりの格差、承認の追求、ぼっちの恐怖』石田光規　勁草書房
『死ぬ権利はだれのものか』ウィリアム・H・コルビー 著 大野善三／早野ZITO真佐子 訳　西村書店

『超ソロ社会「独身大国・日本」の衝撃』荒川和久　PHP新書
『長生き地獄』松原惇子　SB新書
『痛くない死に方』長尾和宏　ブックマン社
『持続可能な高齢社会を考える―官民の「選択と集中」を踏まえた対応』貝塚啓明／財務省財務総合政策研究所 編著　中央経済社
『在宅ひとり死のススメ』上野千鶴子　文春新書
『おひとりさまの終活「死後事務委任」――これからの時代、「遺言書」「成年後見制度」とともに知っておきたい完全ガイド』國安耕太　あさ出版
『日本葬制史』勝田至 編　吉川弘文館
『墓と葬送の社会史』森謙二　吉川弘文館
『墓と葬送のゆくえ』森謙二　吉川弘文館
『安楽死・尊厳死を語る前に知っておきたいこと』安藤泰至　岩波ブックレット
『生と死、そして法律学』町野朔　信山社
『ドキュメント&データ　保険金殺人』山元泰生　時事通信社
『人の一生と医療紛争』植木哲 編　青林書院
＊他、各種論文なども参照しました。

本作品は二〇二一年九月、小社より単行本刊行されました。

双葉文庫

も-21-01

死《し》に方《かた》がわからない

2024年10月12日　第1刷発行

【著者】
門賀美央子《もんがみおこ》

【発行者】
島野浩二
【発行所】
株式会社双葉社
〒162-8540 東京都新宿区東五軒町3番28号
［電話］03-5261-4818（営業部）　03-6388-9819（編集部）
www.futabasha.co.jp（双葉社の書籍・コミックが買えます）
【印刷所】
大日本印刷株式会社
【製本所】
大日本印刷株式会社
【カバー印刷】
株式会社久栄社
【DTP】
株式会社ビーワークス

【フォーマット・デザイン】
日下潤一

ISBN978-4-575-71508-8 C0195
Printed in Japan

好評既刊

行きつ戻りつ死ぬまで思案中

垣谷美雨

人づきあい、老後のあり方、家族のこと、「よくぞ言ってくれた！」と思わず膝を打つこと必至！　垣谷節炸裂の初エッセイ集。

四六判並製

定価：本体1600円＋税